JOURNAL

du

Commandant Raynal

❧

LE FORT DE VAUX

PARIS

ALBIN MICHEL, ÉDITEUR

22, Rue Huyghens, 22

JOURNAL

DU

ommandant Raynal

LE FORT DE VAUX

IL A TIRÈ DE CET OUVRAGE

10 *Exemplaires sur papier du Japon
numérotés à la presse de I à 10*

20 *Exemplaires sur papier de Hollande
numérotés à la presse de I à 20*

JOURNAL

DU

Commandant Raynal

o o o

LE FORT DE VAUX

PARIS

ALBIN MICHEL, ÉDITEUR

22, RUE HUYGHENS, 22

PRÉFACE

Je viens de lire ce récit de la tragédie de Vaux : j'y ai revécu les heures d'angoisse où la France et le monde entier avaient les yeux fixés sur cet autre bastion de Saint-Gervais qu'une poignée de braves opposaient comme un mur infranchissable à la ruée des épais bataillons du kronprinz allemand : c'est tout frissonnant d'une émotion sacrée que je sors de cette tempête de sept jours que l'auteur du récit a justement appelée *la Semaine infernale.*

L'auteur, c'est le commandant Raynal, le chef énergique qui fut l'âme de la défense. Il s'était promis d'élever lui-même à ses compagnons d'armes le monument de reconnaissance et d'admiration que méritait leur indomptable vaillance : vous verrez de quel cœur français, de quelle encre indélébile il s'est tenu parole. Je connaissais depuis longtemps le commandant Raynal ; pendant des années, je l'avais vu, là-bas, sous notre ciel algérien, entraîner nos braves tirailleurs et les préparer aux épreuves que son patriotisme sentait venir. Je connaissais le chef, j'ignorais l'écrivain qui ne le cède en rien au soldat : Raynal écrit comme il se bat, à la française. Son récit court, vole, simple et alerte, tour à tour grave et léger, ici illustré d'un éclair de la bonne vieille humeur gauloise, là mouillé des larmes que font jaillir les sublimes sacrifices.

En vérité, le journal du commandant Raynal est empoignant comme un beau drame bien bâti, et ce beau drame est de l'histoire vécue, saignante de sincérité, de l'histoire que Raynal a faite avec ses poilus avant de l'écrire.

Et c'est pourquoi l'accueil qui attend cette publication répondra à l'intime désir du défenseur de

Vaux : tous les cœurs s'associeront à l'hommage qu'il a voulu rendre à ses compagnons de gloire, et cet hommage restera, car il n'est pas vrai que la France oublie ; ceux qui ont souffert pour elle, ceux qui sont morts pour qu'elle ne meure pas, partageront à jamais son immortalité.

EUGÈNE ETIENNE,
ancien ministre de la Guerre.

NOTES BIOGRAPHIQUES

Le fort de Vaux et son glorieux défenseur ont fait couler beaucoup d'encre et
imprimer quantité d'erreurs : le journal
du commandant Raynal va rectifier celles
qui ont trait à la défense du fort ; quant
au commandant lui-même, que les journaux ont fait naître un peu partout, voici
son exacte biographie.

Le commandant Raynal — aujourd'hui
lieutenant-colonel — est né le 6 mars 1867
à Bordeaux. La famille de son père et celle
de sa mère, née Unal-Serrès, sont originaires du Tarn-et-Garonne et y ont encore
de nombreux représentants.

On aime la poudre chez les Raynal, la

poudre et la patrie : en 1870, le père de notre héros, bien qu'il ne fût plus jeune — il avait déjà fait la campagne d'Italie — s'engagea pour la durée de la guerre. Celle-ci terminée, notre volontaire se retira à Angoulême et s'y établit bottier. Et c'est ainsi que le défenseur de Vaux, né à Bordeaux de parents originaires du Tarn-et-Garonne, a été élevé à Angoulême.

En 1877, il entra au lycée de cette ville et y reçut les leçons de maîtres dont il prononce les noms avec une émotion quasi-religieuse : MM. Laley, Michel, Thabourin...

Huit ans après, ses études terminées, il s'engage au 123° d'infanterie : l'armée l'attire, il est né soldat, et les souvenirs de 70 qui lui viennent de son père, hantent son esprit et fortifient son jeune cœur. Au 123°, il fait ses premières armes sous la direction d'un ami de son père, le capi-

taine Bréhand. Il passe au 107ᵉ à Angoulême, prépare Saint-Maixent et y est reçu avec le nᵒ 13 qui ne lui porte pas malheur : un an après, en 1891, il sort de Saint-Maixent avec le Nᵒ 1. Il a reçu là les enseignements précieux d'un instructeur de haute valeur, le lieutenant Gaudré, depuis lieutenant-colonel. Sur les conseils du colonel Tournier, qui commande l'école et sera plus tard commandant de corps d'armée, Raynal demande d'être affecté au 3ᵉ tirailleurs à Constantine, et obtient cette affectation. Onze ans après, en 1902, il est promu capitaine au choix et est envoyé au 5ᵉ d'infanterie, à Paris — dépôt à Falaise — un régiment que les Parisiens connaissent bien : c'est sous son drapeau que la plupart des poilus de Paris viennent de faire la grande guerre. Note que notre héros ne nous pardonnerait pas d'omettre : au 5ᵉ, il a le bonheur de ser-

*vir sous un chef éminent, le colonel Guil-
laumat, qui sera un jour le général Guil-
laumat et rendra, au cours de la guerre,
des services qu'aucun Français n'a le droit
d'ignorer.*

*En mars 1913, Raynal est appelé aux
fonctions de major du 7° tirailleurs indi-
gènes — régiment de nouvelle formation
— et reçoit, trois mois plus tard, en juin,
le grade de chef de bataillon, au choix encore. C'est là, au 7° tirailleurs, à Constantine que la guerre va le trouver, la guerre
qui lui réserve ces deux autres promotions,
glorieusement méritées : commandeur de
la Légion d'honneur, le 6 juin 1916, en
pleine tempête de Vaux, et lieutenant-colonel le 1ᵉʳ janvier 1919, à son retour d'une
captivité qu'il va vous raconter lui-même,
après vous avoir fait assister à l'immor-
telle tragédie que fut la défense du fort de
Vaux.*

CHAPITRE PREMIER

Aimez-vous les proverbes ? Ces arrêts de
la sagesse des nations m'ont toujours hor-
ripilé, et ce n'est pas la guerre qui m'aura
réconcilié avec eux...

Quand sonna l'heure de la mobilisation
générale, j'étais à Constantine, chef de
bataillon-major du 7° tirailleurs algériens.
La nouvelle de la déclaration de guerre
m'y parvint en même temps que celle du
bombardement de Bône et de Philippe-
ville par le *Gœben* et le *Breslau*. Encore
qu'au 7°, nous n'eussions pas besoin du
coup de fouet de cette sauvagerie, la mo-

bilisation en fut activée et s'acheva rapidement. Notre régiment, il est vrai, n'avait plus qu'un bataillon à Constantine : deux autres étaient au Maroc, un troisième de relève était parti les rejoindre... Notre bataillon entra dans la formation de la 37ᵉ division.

Mon rôle de mobilisateur terminé, je sollicitai un commandement et, j'eus la joie de voir ma demande agréée : j'étais appelé à commander un bataillon du 3ᵉ bis de zouaves qui s'embarquait à Alger sous les ordres du colonel Francez et devait entrer dans la composition de la 45ᵉ division, général Drude.

La traversée s'effectua à bord du *Carthage* qui fut, plus tard, torpillé dans les mers de Grèce. Nous débarquâmes à Cette : les divers éléments de la 45ᵉ division se concentraient dans les environs. A peine formée, elle fut envoyée dans le camp re-

tranché de Paris, secteur Sud, pour y cons-
tituer la réserve générale de ce camp. Ce
fut pour nous une déception : nous
croyions monter en Belgique, marcher au
feu... La déception ne devait pas tarder à
être balayée.

Dans la nuit du 31 août au 1ᵉʳ septembre, nous traversons Paris pour aller prendre position autour du Bourget, secteur
Nord. Les Allemands, nous dit-on, ont été
vus dans la région de Luzarches. Dans la
soirée du 1ᵉʳ septembre, nous sommes dirigés sur Montreuil-sous-Bois, secteur Est
du camp retranché.

Je n'ai saisi que plus tard la signification de tous ces mouvements. Notre Division, jetée au Bourget, au devant de l'aile
droite de von Klück, suit les mouvements
de cette aile : le général allemand, con-
tournant le camp retranché, dessine son

mouvement d'enveloppement de la gauche française.

Nous restons deux nuits à Montreuil-sous-Bois, puis, brusquement, par Le Raincy, nous sommes dirigés vers le Nord. A la manœuvre allemande répond la manœuvre française : Galliéni a décidé d'appuyer par toutes les troupes disponibles du camp retranché, l'armée Maunoury qui se concentre sur la droite allemande dans la région de Nanteuil-le-Haudouin. C'est nous qui allons envelopper cette armée, dont de forts contingents passent la Marne à Meaux et à l'Est de Meaux. Notre division est réserve générale de l'armée Maunoury. Nous recevons au bivouac de Chavigny communication du magnifique ordre à l'armée du Général Joffre. Les zouaves le saluent du cri de « Vive la France » !

Derrière les régiments de réserve du

général de Lamaze notre division suit le combat. Nous avons été renforcés par l'héroïque brigade Ditte, composée de deux régiments de marocains. Bientôt le général appelle à lui sa réserve. Nous traversons le champ de bataille semé de nos morts glorieux et nous jurons de les venger. La 45e division s'attaque, avec la vigueur légendaire des troupes d'Afrique, aux formidables positions de Montyon, du bois Penchard, de Neufmortier, qui sont enlevées de haute lutte. Le jour suivant, nous progressons sur Chambry, Barcy, Etrepilly. Von Klück a constitué devant nous une flanc-garde de plusieurs corps, appuyée par une puissante artillerie lourde. Nos progrès sont chèrement achetés, mais zouaves et tirailleurs vont de l'avant sans s'inquiéter d'autre chose que de culbuter l'ennemi.

A Chambry, nous faisons une courte

halte, après laquelle nous nous lançons à la poursuite de l'ennemi qui s'est mis en retraite. Nous allons droit à l'Est et atteignons Lizy-sur-Ourcq. Là, changement de direction. Von Klück poussé par nous vers l'Est, c'est-à-dire au travers des lignes de retraite des autres colonnes allemandes rejetées vers le Nord, a changé sa direction de retraite et pris, lui aussi, la direction du Nord. Son habile manœuvre sauve l'armée allemande d'un désastre. La 45ᵉ division suit cette manœuvre. Mon bataillon est avant-garde de la brigade et le soir même s'installe, aux avant-postes, aux portes de La Ferté-Milon, qui est occupé par l'ennemi. Nos patrouilles sont au contact.

Le lendemain, continuation de la poursuite, cantonnement à Longpont : le surlendemain, reprise de notre marche en avant. Oh ! les superbes journées ! Les populations acclament leurs libérateurs, on nous couvre de fleurs, on nous embrasse, et de toutes les poitrines jaillit en tonnerre ce cri unique : Vive la France !

Nous arrivons sans grands combats sur la magnifique position de l'arbre de Reims, près de Soissons. Le soir même, un mouvement d'enveloppement dessiné sur la ville en décide l'évacuation par l'ennemi qui passe sur la rive droite de l'Aisne en coupant les ponts derrière lui.

Les travaux nécessités par l'établissement des moyens de passage donnent au boche le temps de s'établir sur les plateaux qui dominent au Nord le cours de l'Aisne et de fortifier cette position que ses défenses naturelles ont déjà rendue formidable. Dans la nuit du 13 au 14 septembre les ponts sont enfin rétablis et la 45° division passe sur la rive nord. Mon bataillon, en première ligne, parvient à

Crouy, franchit la tranchée du chemin de fer et borde de ses éléments, les pentes de l'éperon 132 et le village de Sous-Perrières très fortement défendus par un ennemi nombreux et pourvu de mitrailleuses, beaucoup plus nombreuses que les nôtres, hélas ! Tout le monde connaît l'énorme supériorité que les boches avaient sur nous à cet égard, dans les premières années de la guerre.

La situation de mon bataillon est délicate : il se maintient avec énergie malgré des feux dangereux de flanc et même de revers. Ses pertes sont sérieuses. Vers une heure de l'après-midi, je suis moi-même frappé d'une balle de mitrailleuse qui, entrant par l'épaule gauche, me laboure profondément la poitrine. Je reste à mon poste, mais je m'affaiblis rapidement et suis obligé d'aller me faire panser au poste de secours dont le médecin m'évacue d'urgence sur l'hôpital de Soissons.

J'y séjourne deux jours, tenant à ma portée mon ordonnance et mes chevaux. Je n'ai qu'un désir, qu'un souci : retourner au front... Ce ne sera pas pour sitôt : les boches bombardent l'hôpital et, malgré mes instances, je suis évacué sur l'arrière.

C'est à Paramé, près de Saint-Malo, que l'on m'envoie guérir ma blessure. Grâce à mon excellent tempérament, cette guérison s'opère assez rapidement et, en fin d'octobre, je rejoins le dépôt du 3° zouaves à Sathonay : j'ai refusé toute permission de convalescence. Je veux me battre...

A Sathonay, un détachement est prêt à rejoindre le front. J'en prends le commandement et nous retrouvons la division installée dans des positions au Nord d'Arras : c'est la guerre de tranchées.

Le secteur de mon régiment, qui est à

la droite de la division, est constitué par la position qui entoure le village de Roclincourt se reliant à gauche, par le plateau d'Ecurie, au secteur du 2ᵉ zouaves, et à droite, par la ferme de Chantecler au secteur du corps d'armée voisin. Le sous-secteur de mon bataillon est au centre du régiment : c'est le saillant du Vieux-Cimetière de Roclincourt. Là encore, la situation est délicate. Rupprecht de Bavière, qui est devant nous, cherche à encercler Arras en portant son principal effort sur Ecurie. Les deux régiments de zouaves s'entr'aident pour la défense et lui opposent une barrière infranchissable. Ce ne sont partout que sapes, mines, coups de main sur des éléments de tranchées. Le régiment est commandé par le colonel Ancel qui a remplacé le colonel Francez, grièvement blessé à Crouy, peu après moi. La division est toujours commandée par le général Drude, auquel succédera dans quelque temps, l'énergique général Quiquandon. Le chef du corps d'armée, le 33ᵉ, est le général Pétain.

Devant mon secteur, les Bavarois sont extrêmement actifs et édifient l'ensemble de travaux devenu célèbre sous le nom de *labyrinthe*. Ils bombardent furieusement nos lignes et le village de Roclincourt. Nous contrarions autant que possible leurs travaux, tout en perfectionnant sans cesse les nôtres. Vers fin décembre, la bicoque dans laquelle se trouve installé mon P. C., au nord du village, reçoit un gros obus qui traverse le toit. Le culot de l'obus, heureusement amorti, vient me contusionner la cuisse droite et me renverse. Mes agents de liaison se précipitent et me croient mort. Je me relève en riant, sans autre blessure apparente qu'une égratignure à la main, et me contente de changer d'emplacement, ce poste étant par trop visé.

Dans les jours qui suivent, commence à poindre une douleur sciatique dans la cuisse droite, elle s'accroit sans cesse et devient des plus gênantes. Sur le rapport du médecin et malgré ma résistance, le colonel Ancel décide de me faire évacuer dans les premiers jours de janvier 1915. A ce moment, je marche courbé en deux et boitant.

Transporté en voiture à Aubigny, j'ai la chance d'y rencontrer le médecin principal Darde, que j'ai connu à Constantine et qui m'indique comme traitement les bains chauds de Dax. Je trouve que c'est loin, mais il faut guérir et me voilà en route sur les Landes. La saison que j'y fais ne m'apporte qu'un soulagement insignifiant, mais enfin je peux revenir à mon dépôt de Sathonay... Là, nouvelle et cruelle déception : le médecin de mon régiment me trouve impotent et me prescrit de suivre, dans l'un des établissements de Lyon, un traitement électrique.

Hospitalisé à l'hôpital installé chez lui par M. Jacques Millevoye, je vais tous les jours à la brasserie du Parc, où se trouvent toutes sortes d'installations électriques dirigées par l'un des praticiens les plus éminents de Lyon. Electricité statique, électricité dynamique. Je me soumets à tout... Tout échoue ! Mon médecin traitant me fait alors envoyer à Aix-les-Bains. Nouveau traitement, nouvel échec ! L'amélioration est à peine sensible et je commence à désespérer. Vais-je donc rester estropié pour le restant de mes jours ? Je pars plein d'angoisse. Trois semaines se passent et tout à coup, le mieux apparaît. Je me sens littéralement renaître, et comme le mois s'achève, ma sciatique a complètement disparu. Aussitôt, sans attendre la fin de ma convalescence qui est de deux mois, je rejoins mon Dépôt et demande à être mis en route le plus tôt possible. Mais, par suite de nouvelles instructions, les officiers supérieurs ne rejoignent plus directement leur ancien régiment ; ils sont remis à la disposition du ministre qui les affecte suivant les besoins.

Je m'informe : plus de place à la 45ᵉ Division. Nous sommes au milieu de septembre et on a fait le plein d'officiers supérieurs en vue d'événements projetés. Je vais à Paris et demande au Directeur de l'infanterie, le colonel Margot, de me faire affecter au front dans n'importe quel régiment ; je veux être de la fête qui se prépare ! Ma chance me sert bien : elle m'envoie au 96ᵉ régiment d'infanterie en Champagne.

Lorsque j'y arrive, le 1ᵉʳ octobre 1915,

le régiment commandé par le brave lieutenant-colonel Pouget, est installé dans
une petite tranchée de fin de combat entre
les buttes du Mesnil et de Tahure, devant
la tranchée boche de la Vistule. Celle-ci
est à contre-pente et protégée par un épais
réseau de fil de fer intact contre lequel est
venue buter l'attaque du 25 septembre.
Nous en sommes à une distance qui varie
entre 40 et 60 mètres, et on prépare l'attaque de cette deuxième ligne ; l'action
des deux artilleries est déjà très vive... Je
suis la bataille et la salue avec joie... Hélas ! Hélas ! elle va me rendre cruellement
mon salut. Jamais deux sans trois, ai-je
écrit en tête de ce chapitre, et j'ai été
blessé deux fois...

Le 3 octobre au matin, comme je guide,
dans ma tranchée de 1re ligne, une reconnaissance faite par un officier d'état-ma-

jor de la Division, je reçois un coup vio-
lent dans le ventre et je trébuche.

— Vous êtes touché, mon commandant ! s'écrie mon compagnon.

Sans répondre, je défais la ceinture de
mon pantalon : j'y découvre un trou net
qui déjà s'étoile de sang, et j'éprouve une
vive douleur quand je veux m'appuyer
sur ma jambe gauche.

Aidé et presque porté par un de nos vi-
goureux poilus, j'arrive en suivant les
boyaux au poste de secours et le médecin
fait la reconnaissance de ma blessure. J'ai
été traversé de part en part par un schrap-
nell qui a fracassé la tête de l'os illiaque...
Je suis navré. J'injurie la guigne et le
fatal proverbe. Depuis deux jours à peine
dans l'atmosphère chaude du combat, me
voilà contraint de m'en éloigner à nouveau et, cette fois, très mal en point, je
n'ai, pour m'en rendre compte, qu'à re-

garder la figure que font les médecins lorsqu'ils lisent la fiche **attachée à mon habit**...

Je suis renvoyé d'ambulance en ambulance, et aucune ne se soucie de me garder. Finalement, je suis expédié à Vitry-le-François, où j'arrive avec une belle péritonite. Heureusement elle cède au bout de quelques jours et le chirurgien peut m'opérer. Je subis une double éventration suivie d'un curetage de la tête de l'illiaque. On me remet gentiment, après l'opération, deux ou trois cubes d'os gros comme des dés à jouer. J'ai maintenant deux blessures énormes à cicatriser, mais je suis sauvé, la guérison n'est qu'une affaire de temps...

Je quitte l'hôpital, je pars une fois encore en convalescence, et le printemps de 1916 me trouve à Béziers, au dépôt de mon régiment, le 96ᵉ.

Je suis hors de danger et en bonne voie de guérison, mais je marche péniblement; la cicatrisation de la plaie est d'une lenteur désespérante, et j'ai hâte d'en finir : l'inaction me pèse, sans parler du petit compte que j'ai à régler avec ceux qui m'y ont réduit. Le shrapnell a beau être loin : je l'ai toujours sur le cœur.

Un médecin m'offre de me guérir radicalement en trois jours. Il a un remède souverain : la compresse imbibée d'éther. « Vous mouillez toutes les trois heures, et, à la fin du troisième jour, plus rien, une cicatrice à se mettre à genoux devant... »

L'éther... Je me souviens d'avoir lu dans les *Impressions d'un voyage en Suisse*, d'Alexandre Dumas — vous le savez sans doute, cet empereur des romanciers fut un enragé collectionneur de recettes — que l'éther a toutes les vertus ; rien ne lui résiste, pas même le choléra, dont il vous débarrasse en un tour de main... Il n'y a pas à hésiter : le tombeur du choléra ne fera qu'un bouchée de ma plaie !

— Allons-y, docteur !

Et j'y vais : trois jours, soixante-douze heures durant, je me soumets religieusement au traitement préconisé par l'excellent docteur, qui est, peut-être, comme moi, un lecteur de Dumas père — traitement facile à suivre mais un peu lancinant tout de même, avec la perpétuelle sensation de chaleur trop vive que détermine l'action de l'éther... Bast ! Il faut, comme pour être belle, souffrir un peu pour guérir...

La fin du petit supplice vient avec la soixante-douzième heure ; le docteur qui ne m'oublie pas est là pour constater les triomphants effets du traitement... Tableau ! non seulement la plaie n'est pas cicatrisée, mais elle s'illustre à cette heure d'une magnifique brûlure, une brûlure à vif, large comme les deux mains !

Je vous assure, mon cher docteur, que je ne vous en ai pas voulu. C'était la faute à Dumas père, ce prestigieux endormeur de Dumas... Aussi bien, vos bons soins eurent vite raison de la brûlure, et la cicatrisation elle-même se décida à marcher normalement.

Maintenant, nous sommes en mai et dans le Midi, ce Midi où le printemps, prompt à s'épanouir, semble, dès son aurore, courir après l'été...

Des fleurs partout. Je retrouve dans l'air cette traînée de parfums que font dans les rues de Paris les petites voitures de marchandes de violettes. Et, tout ragaillardi, rajeuni, je pense à ceux qui, plus heureux que moi se battent là-haut pour libérer le sol français.

L'heure est grave : c'est la grande ruée

sur Verdun. Verdun que l'aimable héritier de Guillaume II s'est juré d'enlever. Les journaux, les communiqués, nous apportent chaque jour les échos de la formidable tempête.

Un matin, le commandant du dépôt, l'excellent lieutenant-colonel de Fleurac, nous communique une dépêche du ministre demandant des officiers supérieurs ou des capitaines qui, insuffisamment guéris pour reprendre leur place dans le rang, pourraient exercer le commandement d'un fort dans la zone des armées.

Je demande immédiatement à être proposé, encore que ce commandement ne soit pas mon idéal : à mon sens, ces postes-là conviennent plutôt aux officiers du génie et aux artilleurs, et je suis un fantassin. Un espoir m'est venu :

— Et si l'on me donnait un fort de Verdun !

Je rêve d'être tout de suite aux prises avec l'ennemi.

Quelques jours après, le lieutenant-colonel de Fleurac m'annonce que ma demande, transmise et appuyée par la 16° région, est agréée, et que je suis appelé à Bar-le-Duc. Et il ajoute en me serrant la main :

— Cognez ferme, pour vous et pour moi qui vous envie !

CHAPITRE II

L'INVISIBLE BLESSURE

En route pour Bar-le-Duc !

Là, j'ai pour voisin de chambre, à l'hôtel où je suis descendu, un chef de bataillon venu pour les mêmes raisons que moi.
Les yeux de cet officier ont quelque chose
d'étrange, qui m'a frappé tout de suite :
ils rêvent sans cesse, semblent regarder
loin, très loin, des images qu'ils sont seuls
à voir.

D'autres chefs de bataillon et des capitaines sont accourus des quatre coins de
la France à l'appel du ministre ; ils atten-
dent à Bar-le-Duc leur désignation.

Dès le lendemain de mon arrivée, un officier supérieur de l'armée de Verdun, dont le quartier général est à Souilly, nous réunit, puis nous reçoit individuellement.

Une première sélection s'opère. J'en sors désigné pour la rive droite de la Meuse et je suis dirigé sur Dugny avec quatre camarades : un commandant et trois capitaines. Le commandant est l'officier au regard singulier...

Dans le wagon du « Petit Meusien », chemin de fer d'intérêt local qui va de Bar-le-Duc à Verdun, se retrouvent les officiers désignés pour la rive droite, et, parmi eux, je reconnais mon ancien condisciple du lycée d'Angoulême, le capitaine Richard Fournier. Amputé d'un pied, qu'il a remplacé par un pied mécanique, Fournier n'a pas pu se résigner à la réforme. Lui aussi veut en découdre encore !

Le voyage est gai ; un de nos camarades,

le capitaine Poirier, emplit le wagon de son rire sonore et nous éblouit d'un feu d'artifice de lazzi...

Seul, le commandant reste froid, même taciturne, et, à le regarder perdu dans sa mystérieuse songerie, j'éprouve un vague malaise.

A Dugny, nous prenons, dès notre arrivée, contact avec l'état-major du groupe Lebrun qui, installé au château, commande la rive droite de la Meuse. Nous sommes présentés au chef d'état-major, et le capitaine Didio qui représente auprès de lui le service des forts, nous fait connaître nos désignations respectives :

Le capitaine Fournier aura le fort de Lendrecourt, le capitaine Poirier celui de la Falouze. Restent à pourvoir les forts de Vaux et de La Laufée. Je pose ma candidature pour Vaux, mon rêve, l'entrée presque immédiate dans la grande bataille. Mon camarade, le commandant, se met simplement à la disposition du général...

Le capitaine Didio sort un instant et revient avec cette décision : nous sommes, mon camarade et moi, désignés tous deux pour Vaux : nous nous relèverons par périodes de dix jours, et j'aurai pour assurer l'unité de vues, la direction du service.

Je suis heureux, ravi : c'est bien mon rêve qui se réalise ; la mesure qui me donne un second a sa signification très claire : il fera chaud là-haut !

Je regarde mon camarade : il est toujours froid, ses yeux semblent encore chercher l'image lointaine qui les attire.

En sortant de là, nous gagnons le logement qui nous est assigné, un café abandonné, tout près de la gare, qui est, presque chaque jour, bombardée...

Un drame m'y attend, un drame dont le

souvenir m'obsède et qu'il faut que je raconte. Ce faisant, je tiens une promesse, je paie une dette.

Le café, ai-je dit, est abandonné, et pour cause. Nos camarades, les capitaines, se sont logés comme ils ont pu au rez-de-chaussée ; au premier, qui est en même temps le grenier, j'occupe une chambre délabrée ; le commandant s'est installé dans la chambre voisine.

La nuit est venue, la nuit de mai si douce et parfumée, là-bas dans le Midi, peuplée ici d'échos et de rumeurs dont l'origine m'est connue : c'est la tempête de Verdun qui fait rage...

Jusqu'ici, nulle menace de bombardement, et nous aurons sans doute une nuit calme, la dernière ou l'avant-dernière avant notre entrée dans l'enfer.

Je ferme les yeux sur cette vision, je vais m'endormir...

Non ! mes yeux se rouvrent, je me dresse à demi.

Des bruits étranges me viennent de la chambre voisine, celle du commandant. Une voix éclate dans la nuit :

— Le hublot ! Le hublot !... Une planche, nom de Dieu ! Une planche ! La corde !

C'est le commandant qui parle, qui crie, et sa voix rauque et courte, comme étranglée, a quelque chose de terrifiant.

Que se passe-t-il donc ? Que veut-il dire avec son hublot et sa planche, cette planche et cette corde qu'il réclame en jurant ?...

Je saute à bas de mon lit, je m'habille à la diable. Je cours à la porte de la chambre voisine...

La porte refuse de s'ouvrir : elle est fermée au verrou...

Je frappe. J'appelle le commandant, il

ne me répond pas, et continue de crier :

— Le hublot ! La planche ! La corde !...

D'un coup d'épaule, je fais sauter le verrou, je suis dans la chambre.

Trop tard ! J'arrive pour voir le commandant ouvrir la fenêtre et se jeter dans le vide !

Je cours à cette fenêtre. Je regarde et, dans la nuit claire, je vois le grand corps du commandant étendu sur le sol.

Je m'élance dans l'escalier, je le descends en courant, j'appelle à l'aide les deux capitaines, et, sans les attendre, je me précipite sur la route où mon malheureux camarade est tombé.

Il est toujours là, étendu, il n'a pas bougé, il ne bouge pas ; il a les yeux ouverts, des yeux exorbités...

Je me penche, je le tâte, je le secoue, et j'ai la joie de le voir revenir à lui, de l'entendre parler...

Il me reconnaît :

— Ah ! c'est vous, Raynal... merci... aidez-moi, je vous prie, à me relever... Je me sens tout étourdi... Je ne sais pas ce qui m'est arrivé

Et, soudain, dans un tressaillement :

— Si ! Si !... Je le sais... C'est atroce ! atroce !...

Les capitaines sont accourus ; ils m'aident à relever le malheureux...

Il peut marcher ; tombé d'un premier peu élevé, il n'a été qu'étourdi...

Appuyé sur l'un, soutenu par l'autre, il rentre dans le café et retrouve même la force de remonter à sa chambre...

Nous le couchons et il achève de se remettre...

Je le regarde, à la lumière de la bougie que l'un de nous a rallumée : il est d'une pâleur de cadavre, ses yeux ont toujours leur expression d'épouvante, avec quelque chose de cruellement humilié...

Les observations que j'ai faites me reviennent ; je revois son regard qui m'avait frappé, son regard de rêve qui semblait chercher loin, très loin, des choses qu'il était seul à y découvrir...

Il me parle, il balbutie :

— Je vous demande pardon... Il ne faut pas m'en vouloir... Si vous saviez...

Il s'arrête, ses yeux se ferment, de grosses larmes s'en échappent qui roulent sur ses joues.

Je lui prends la main :

— Soulagez votre cœur, nous sommes vos camarades, vos amis... Vous pouvez tout nous dire...

Il s'y décide brusquement :

— Oui... oui... Je vais tout vous dire. Il faut que vous le sachiez ; je voudrais pouvoir le crier à toute la France et si fort qu'elle m'entende bien et n'oublie plus jamais !

Il retrouve sa voix ferme, il dit nettement ce qu'il veut dire — et nous apprenons le douloureux secret de mon pauvre second :

— Vous avez dû vous demander, comme tant d'autres, quelle blessure j'avais bien pu recevoir, dont personne n'avait jamais rien vu... Blessure effroyable, autrement cruelle que la perte d'une jambe ou d'un bras ; c'est ma tête qui a été blessée, ou plutôt mon cerveau... Je suis une lamentable victime de la sauvagerie boche. Il y a six mois, comme je rentrais de Salonique, notre bateau fut torpillé, la nuit ; il coula en quelques minutes, et je me vois encore, je me vois toujours cherchant à m'échapper par le hublot que je ne parvenais pas à ouvrir, et me jetant enfin dans l'eau noire et me débattant et appelant désespérément une planche où me cramponner...

J'écoute, béant ; je m'explique enfin son cri rauque : Le hublot !... la planche !...

Il continue :

— Combien de temps dura ce supplice ? Je n'en sais rien ; ce que je sais, c'est que, de loin en loin, j'étais inondé de lumière : les réflecteurs du sous-marin fouillaient la surface de la mer... pour sauver les naufragés ? non ! Les bandits boches nous tiraient dessus pour achever leur besogne d'assassins ! A un moment, mes forces m'abandonnèrent, je sentis que tout était fini... Je me trompais : j'allais être sauvé. A la seconde où je perdais connaissance, je fus recueilli par un torpilleur... Mais le coup était porté, la blessure invisible ne devait plus se fermer...

Le malheureux respira longuement, puis, dans un effort :

— Tout ! tout ! Je dirai tout !

Et il reprit :

— J'ai passé trois mois dans une maison de santé où les soins éclairés sont venus à bout de l'ébranlement cérébral que j'avais subi... J'ai recouvré toute ma raison, la pleine conscience de mon être ; mais je sens toujours l'affreuse blessure ; la blessure reste, vous dis-je ! J'ai toujours là, devant les yeux, le hublot qui me résiste, cette planche qui se dérobe, ces bandits qui me tirent dessus... Et malgré moi, mon cerveau se trouble, s'obnubile, l'hallucination me ramène à la minute terrible. Je cours au hublot, je réclame la planche... Et c'est atroce ! c'est atroce... Je ne suis plus bon à rien. Je ne peux plus assumer la responsabilité d'un commandement, la joie m'est interdite d'en finir en me faisant tuer pour la France !..

Il s'est remis à pleurer, ses derniers

mots sortent dans un sanglot, et nos yeux
à nous, nos yeux qui ont vu tant de misères et de malheurs, se sont mouillés aussi ;
le capitaine Poirier, la gaîté faite homme,
le Gaulois au rire sonore, essuie une larme.

Notre malheureux camarade voit tout
cela, et de nouveau il s'excuse :

— Je vous demande pardon...
Nous lui serrons les mains, nous l'assu-
rons de notre sympathie profonde, nous
lui jurons de garder pour nous sa pénible
confidence...

Il se redresse :

— Non, je ne vous demande pas de la
garder ! Taisez mon nom, mais dites à
tous ce que les bandits boches ont fait de
moi ! Dites, criez les crimes dont se sont
souillés les équipages de leurs sous-marins ! Il faut que la France les connaisse,
il faut qu'elle se souvienne au jour du rè-

glement des comptes ! Parlez ! Parlez ! Et vengez-moi !

C'est fait, mon cher camarade, toute la France saura l'infamie boche et votre douloureux martyre — et, à l'heure où j'écris cela, nos poilus vous ont vengé et bien vengé !

CHAPITRE III

SUR LE CHEMIN DE L'ENFER

Mes camarades Fournier et Poirier ont gagné leur poste avant moi, je ne monterai à Vaux que dans la nuit du 20 au 21, et j'y monterai seul : mon pauvre second a été examiné par un médecin et évacué sur une formation sanitaire.

Je profite de quelques jours qui me séparent de ma prise de commandement pour me mettre au courant de la situation à Vaux.

Tout le monde sait qu'avant l'attaque allemande, les forts de Verdun ont été déclassés et conséquemment désarmés. Un

point à fixer, pour ce qu'il peut servir à
la confusion de nos ennemis :

Quand les Boches arrivèrent sur le fort
de Douaumont, ce fort n'était plus occupé
que par un gardien de batterie et quelques territoriaux de corvée. Et telle fut la
grande victoire des sublimes Brandebour-
geois de Guillaume II, cette victoire que
les communiqués boches et le kaiser lui-
même célébrèrent avec l'imprudent lyris-
me que l'on sait : ce fort qu'ils disaient
« cuirassé », qu'ils qualifiaient d'impre-
nable pour d'autres que les valeureuses
troupes impériales, était désarmé et avait;
pour tous défenseurs, un gardien de batterie et une douzaine de territoriaux envoyés là pour achever le déménagement de
son armement.. Après cela, relisez, je
vous prie la triomphale dépêche du kaiser
à ses fidèles hobereaux du Brandebourg !
C'est notre tour de rire !

Je reviens à Vaux. Ce fort que je vais commander a été déclassé et désarmé en même temps que celui de Douaumont... Disons-le bien vite, à la décharge de ceux qui la décidèrent, cette mesure semblait justifiée par l'expérience des forts de Liége et de la Meuse, de ceux de Maubeuge et des places fortes de Russie, que l'artillerie lourde de l'ennemi avait facilement réduits au silence, sinon en poussière.

Mais voici que notre commandement a résolu de défendre le terrain pied à pied en le faisant payer au poids du sang ; Pétain a lancé son beau cri : « Verdun, on ne passe pas ! » On utilisera les forts, même désarmés, pour en faire des points d'appui et des abris d'infanterie, evidemment plus confortables et plus sûrs que les abris creusés par la pelle et la pioche de nos fantassins sur la ligne de combat. La réalisation de cette décision nécessite,

sinon la remise complète du fort en son
état antérieur — ce qui est impossible —
au moins une réorganisation aussi forte
que les circonstances et le temps le permettent. De là, la création du « Service
des forts », organe rattaché à l'état-major
de l'armée de Verdun ; de là également la
dépêche du ministre à laquelle mes camarades et moi devons notre commandement
actuel.

Je ne m'attends pas à trouver le fort de
Vaux outillé comme il l'était avant son dé-
classement et je ne saurai exactement l'état
de son armement que plus tard et sur
place ; mais je peux déjà m'en faire une
idée assez nette par les renseignements que
me fournit l'état-major et ceux que j'obtiens des gradés et des soldats du génie
qui y font le service et sont relevés par la
compagnie stationnée à Dugny.

Je passe mes journées à travailler avec

le capitaine Didio ; nous allons ensemble
visiter le fort de La Falouze, tout près de
Dugny ; éloigné du terrain d'attaque, ce
fort a pu être réorganisé complètement.
C'est le capitaine Poirier qui commande
La Falouze, il a toujours son aimable
bonne humeur, mais son rire gaulois s'est
tu. Il nous fait les honneurs du fort ; je
vois fonctionner les pièces de 75 sous coupole et les mitrailleuses. Sauf la coupole,
je connais ces joujoux, ils me sont fami-
liers : j'ai assisté de près au travail des
mitrailleuses et apprécié depuis longtemps
l'étonnante précision et les terrifiants effets de notre canon. Je me revois en Ar-
tois, grimpé dans un arbre pour surveiller à la lorgnette le bombardement d'un
retranchement ennemi que je fais réduire
par l'artillerie : tir merveilleux de justesse,
chaque coup porte et entame le retranchement à l'endroit voulu ; on dirait d'un

virtuose de la carabine s'amusant dans un tir à casser successivement les dix doigts d'un mannequin qui ferait kamarade !

Le 75 est une carabine modèle et nos artilleurs sont d'admirables virtuoses.

—A tout coup l'on gagne ! me dit Poirier.

Et, visité par un souvenir d'histoire :

— A l'heure qu'il est, avec ces joujoux-là et leurs pointeurs, je me chargerais de réaliser le rêve d'Alexandre-le-Grand.

— Le rêve... Quel rêve ?

— Le Mont Athos qu'il voulait faire tailler à son image... Parfaitement ! Je suis convaincu que nos 75 pourraient sculpter un rocher et le transformer en une statue colossale, avec ressemblance garantie.

— Vous cherrez, Poirier ! Vous cherrez un peu...

Je partage d'ailleurs son admiration, et crois avec lui qu'on peut tout demander au

75... sauf, pourtant, de tailler dans la butte Montmartre la statue de tel ou tel de nos Alexandres, grands ou petits...

L'heure est venue de monter à Vaux.

Au dernier moment, contre-ordre.

L'attaque de Mangin, sur le fort de Douaumont, va retarder de trois jours toutes les relèves — c'est la consigne — et ce retard sera sans doute prolongé par les difficultés que rencontre l'attaque : les troupes françaises parviennent à prendre pied sur une partie du fort de Douaumont et à élargir notre position sur le **plateau de la Caillette**, mais elles ne peuvent pénétrer dans le fort lui-même...

Je décide de ne pas différer plus longtemps ma montée à Vaux, et, dans la nuit du 23 au 24, j'effectue le trajet.

Facile jusqu'au fort de Tavannes où je suis transporté par une auto d'ambulance, le parcours devient, à partir de ce point, singulièrement aventureux : la région est soumise à un bombardement intense ; chaque jour, nos troupes de relève et nos détachements de corvée y éprouvent des pertes sérieuses... J'attends une éclaircie qui ne vient pas, et, comme il me faut arriver cette nuit même, je pars sous la pluie de fer. Vers une heure du matin, conduit par deux sapeurs du génie, je me lance dans le boyau de communication...

J'ai pour toute arme ma canne de blessé et mon revolver ; le sabre n'est d'ailleurs d'aucune utilité en première ligne et tous nos officiers d'infanterie y ont renoncé... Je dis ma canne de blessé ! elle est encore très utile à ma marche, et j'aurai à en reparler à propos d'un incident que tous les journaux ont rapporté plus ou moins exactement, et qu'il me faudra remettre au point.

Le boyau que je suis avec mes deux sapeurs nous protège assez efficacement jusqu'au rebord accidenté du ravin de la Horgne que nos poilus ont baptisé « *le Ravin de la Mort* ». A partir de là, en raison du peu d'épaisseur de la croûte de terre, le boyau est souvent interrompu par les effets du bombardement, et, de l'autre côté du ravin, nous ne retrouvons plus le tracé, il nous faut progresser sous la mitraille, de trou d'obus en trou d'obus... Ajoutez à cela qu'incapable encore d'un long effort, je dois m'arrêter souvent, et voici bientôt les premières lueurs du jour, les tirs de l'ennemi dirigés par l'observation aérienne vont devenir d'une terrible précision... Des obus éclatent à chaque instant autour de nous, nous obligeant à des plat-ventre un peu brusques...

Nous cheminons malgré tout ! Nous passons ! Nous arrivons ! Vers trois heures du matin, comme l'aube se lève, nous parvenons, trempés de sueur, moulus de fatigue, à l'entrée de fortune pratiquée dans le coffre nord-est du fort.

En pénétrant dans ce coffre, puis dans la gaine qui le relie à la grande casemate, quelle impression ! Des poilus s'y pressent en tel nombre qu'il est extrêmement difficile de circuler, et je suis très longtemps à pouvoir atteindre mon poste de commandement : le fort est utilisé comme abri par les troupes de relève et les unités relevées des tranchées situées à gauche et à droite. Elles y trouvent une protection passagère, mais quel danger elles font courir au fort ! Si une attaque se produisait, il serait littéralement impossible de régler un mouvement dans ces gaines bourrées d'hommes, et tous les occupants seraient pris avant de pouvoir se défendre.

Mon premier soin, contact pris avec le capitaine Hoffmann que je relève, est de signaler la situation à qui de droit. Mon prédécesseur l'a déjà fait, j'insiste et vais avoir satisfaction avant l'heure de la bataille.

N'attendons pas cette heure pour exposer l'état du fort.

Construit sur la falaise des Hauts-de-Meuse, il domine la Woëvre, et ses deux observatoires permettent de surveiller très loin les mouvements qui se produisent. Au-dessous de lui, la pente est douce d'abord, puis devient très abrupte. Un peu après ce changement et au-dessous de la crête militaire, c'est-à-dire dans l'angle mort, la tranchée ennemie court à 150 mètres à peine du fort. Devant ce dernier, une mince tranchée française, occupée pendant la nuit, intenable de jour, serpente parallèlement à la tranchée ennemie et se relie à gauche avec la position de l'étang de Vaux et, à droite, avec celle de

Damloup. Plus à gauche, nos tranchées sont établies sur les pentes est du ravin de la Fausse-Côte et couvrent le ravin et le bois de la Caillette, au sud du fort de Douaumont. C'est après mon entrée à Vaux que j'apprends ce que j'ai déjà dit plus haut : les éléments de Mangin qui, malgré leur résistance héroïque, n'ont pu se maintenir sur les dessus de Douaumont, se sont établis un peu au sud, sur le plateau de la Caillette.

A ma droite, le village de Damloup, organisé définitivement, forme un grand éperon qui s'enfonce dans la ligne ennemie et flanque les pentes du fort de Vaux. Très en flèche, cette organisation de Damloup est précaire ; celle de l'étang de Vaux ne l'est, d'ailleurs, pas moins.

Dès le 24 mai, je me livre à une reconnaissance minutieuse de mon fort et de ses moyens de défense.

Du haut des observatoires, j'examine le terrain des approches du fort. Il a été couvert d'un épais réseau de fils de fer dont il ne subsiste aujourd'hui que quelques piquets tordus ; les fils de fer se sont volatilisés sous le bombardement. Le terrain n'est plus qu'un champ d'entonnoirs qui s'étend loin du côté de Souville comme du côté de Douaumont. J'aperçois très bien les bois Fumin, de Vaux, du Chapitre, de la Caillette... Leurs arbres, rares maintenant, n'ont plus une feuille ; ils dressent lamentablement leurs fûts mutilés et roussis — et nous sommes à la fin de mai : les Boches ont supprimé le printemps.

Les fossés du fort, à demi comblés par la chute des revêtements, sont partout franchissables, sauf sur la façade de gorge.

Notez ce détail des fossés comblés : nous le retrouverons à un moment tragique.

A l'intérieur du fort, les voûtes sont encore en état satisfaisant au-dessus de la grande casemate ; ailleurs, elles n'ont pas résisté au bombardement. La gaine de gauche a été crevée par un 380. Les plafonds de la casemate de Bourges, à gauche, s'infléchissent et glissent d'une façon inquiétante. Dans la gaine qui conduit à la casemate de Bourges, de droite, des parties de la chape se sont écroulées. Au coffre nord-est, les dégradations sont sérieuses. Dans la grande casemate qui sert d'abri à nos hommes, la voûte a résisté ; mais une lézarde énorme court tout le long de la façade intérieure, à la jonction du mur vertical avec la voûte.

La coupole de 75 s'est effondrée, ainsi que la gaine qui y conduisait. L'entrée normale par la gorge a eu le même sort : il y est suppléé par deux entrées de fortune qui ont été ouvertes à la mine dans les coffres nord-est et nord-ouest.

Enfin, une effroyable odeur empoisonne l'air : elle vient des cadavres putréfiés et des excréments accumulés dans les fossés.

Avec un officier du génie, le sous-lieutenant Roy, qui commande les sapeurs, je prends toutes les mesures urgentes et fais procéder aux travaux indispensables ; nos sapeurs les exécutent sous le feu de l'ennemi.

Un autre officier du génie, un technicien que la division m'envoie à la suite de mon rapport, passe avec moi la nuit du 31 mai au 1ᵉʳ juin et la journée suivante ; il confirme toutes mes observations et appuie toutes mes demandes — un peu trop tard, hélas ! Il peut repartir et rejoindre au commencement de la nuit du 1ᵉʳ au 2 juin ; vingt-quatre heures encore, il ne passait plus ! A partir du 2 juin, nous serons complètement isolés, et l'on pourra inscrire le vers de Dante Alighieri à l'entrée de cet autre enfer que va être notre fort : « *Lasciate ogni speranza, voi ch' entrate.* »

Au point de vue armement, la coupole de 75, ai-je dit, est effondrée ; les pièces qui garnissaient les deux casemates de Bourges ont été enlevées. A la place des 75, des mitrailleuses sont braquées dans les embrasures ; celles de gauche battent le terrain dans la direction du ravin de la Fausse-Côte ; celles de droite le terrain entre Damloup et les bois de la Lauféc. Dans les coffres de flanquement, se trouve la petite artillerie qui bat les fossés : canons-revolvers et de douze-culasse. Ces pièces n'ont aucune action au delà des fossés : leur champ de tir est limité à ces derniers.

Le fort n'a pas de mitrailleuses sous coupole ; seul peut-être des forts de Verdun, il est démuni de cet engin qui m'aurait permis de battre efficacement les dessus du fort. Quant aux terrains d'approche, ceux qui s'allongent devant les embrasures des casemates de Bourges peuvent seuls être battus par des éléments qui sont relativement à l'abri.

Mes dispositions sont aussitôt prises pour, à l'heure de l'attaque, faire occuper rapidement par des mitrailleuses qui en interdiront l'accès, les dessus du fort et certains postes aux entrées : on verra comment ces dispositions ne purent jouer...

Chacune des gaines conduisant aux coffres nord-est et nord-ouest est pourvue d'un observatoire sous coupole : je peux de là surveiller au loin la plaine de la Woëvre et, à droite et à gauche, les terrains d'approche, et me rendre compte de tout ce qui menace mon fort ; mais je n'ai pas les moyens de répondre efficacement à ces menaces : pièces de 75 et mitrailleuses sous coupole, artillerie dans les casemates de Bourges, tout cela, je le répète, me manque.

La garnison se compose d'une compagnie du 142° régiment, la sixième, sous les ordres du lieutenant Alirol, d'une compagnie de mitrailleurs, commandée par le lieutenant Bazy, d'un détachement d'artillerie affecté à la manœuvre des pièces de flanquement et des crapouillots, d'un détachement du génie et de quelques soldats des services d'administration et de santé ; ces détachements doivent être, en principe, relevés tous les quatre jours : ils ne le seront plus.

J'ai là, en tout, près de 3oo hommes, mais ce chiffre va s'augmenter presque tout de suite d'une cinquantaine de mitrailleurs du 53° régiment, puis des éléments des 101° et 142° régiments qui, de la première ligne où ils sont postés pour proté-

ger le fort, refluent vers nous pour ne pas
être submergés par le flot ennemi. Ajoutez
à ces chiffres quelques blessés rapportés
du dehors, les rescapés de l'étang de Vaux
qui se réfugient dans le fort ; j'aurai bientôt plus de cinq cents bouches à nourrir
— et j'ai des provisions pour 3oo hommes,
chiffre normal de la garnison. L'eau con-
tenue dans la citerne doit, d'après le registre, s'élever à 5.ooo litres environ : sur ce
point encore, une déception m'attend. Ah !
ce problème terrible de l'eau ! Ce spectre
de la soif, l'ennemi qui a toujours le dernier mot...

Nous y reviendrons, hélas !

Un chiffre encore, j'allais oublier dans
la revue de mes forces, quatre soldats
d'une arme très spéciale, quatre héros en-
fermés dans une cage et qui ne trahissent
leur présence que par leurs tendres rou-
coulements : des pigeons du colombier de

Verdun, admirables courriers ailés qui, au travers des tirs de barrage, parmi les éclatements des bombes et des marmites, seront à un moment nos uniques agents de liaison avec l'arrière.

Cette liaison était d'abord assurée par le téléphone ; mais, ce dernier anéanti par le bombardement, elle ne s'opère plus, à cette heure, que par couleurs. Cette question essentielle n'est pas, d'ailleurs, sans préoccuper le commandement, et je suis avisé que je vais recevoir un petit détachement du génie chargé d'installer au fort la télégraphie sans fil... Nous reparlerons de ce détachement et des pigeons aussi.

J'organise ma défense, je distribue les postes, j'entraîne mes hommes. Mes officiers me secondent avec un dévouement qui ne se lasse pas une minute et semble

croître à mesure que se rapproche l'heure
de la bataille.

En même temps qu'il arrose copieuse-
ment l'arrière et, coupant toutes nos com
munications, rend notre ravitaillement
impossible, l'ennemi, devant nous et, à
droite et à gauche, à droite sur Damloup,
à gauche sur la Caillette, dessine le mouvement qui vise à nous encercler pour nous
écraser à l'aise sous des trombes de fer.

Nous sommes à la nuit du 30 au 31 mai;
j'attends les hommes qui m'apportent l'appareil de télégraphie sans fil, je les sais en
route...

Ils arrivent. Les voici, — mais, d'abord,
je ne peux me défendre de quelque effare-
ment.

Mon équipe de télégraphistes comprend
en tout deux hommes et un chien !...

CHAPITRE IV

QUIQUI

Les hommes sont des sapeurs du génie, et ils ont les mains vides : pas le moindre appareil à poser !

Le chien est un jeune cocker mâtiné d'épagneul, aux yeux doux, aux longues oreilles tombantes, qui se tient collé à la jambe de son maître, le sapeur Trayler.

Je demande, regardant tour à tour le sapeur et son chien :

— C'est tout ?

— Oui, mon commandant. Les autres sont restés en route avec l'appareil détruit.

J'ai compris. Ils sont tous morts, les autres ! Les Boches fauchent tout ce qui essaie de passer...

Je serre la main au rescapé. Le chien ne me quitte pas des yeux, il attend son tour et semble me demander :

— Et moi ? qu'est-ce que tu vas me dire ?

Lui, mon premier mouvement est de l'envoyer à tous les diables : c'est une bouche à nourrir, une bouche inutile, et je suis tenu d'y regarder de près.

Le sapeur devine :

— Je vous en prie, mon commandant ! Laissez-le moi... Il n'est pas gourmand, il sait se contenter de peu, et je le nourrirai sur ma ration... Il n'est pas bavard non plus, il a été dressé à se taire ; quant à la propreté, il n'y a pas d'enfant aussi bien élevé que lui. Avec ça, il a ses petits talents de société... et enfin, quoi ! c'est un enfant de troupe : il est né au mois de mars, à Verdun ; il va avoir trois mois de service !

— Tu m'en diras tant !

Je suis vaincu. J'allonge la main pour caresser l'épagneul ; il la lèche, il me remercie à sa façon de l'accueillir dans ma petite garnison. Et sans qu'on l'y invite, il fait le beau et me donne un échantillon de ses petits talents de société qu'a déjà vantés son père nourricier.

— Comment t'appelles-tu ?

Le sapeur répond pour lui :

— Marquis, mon commandant, à cause de sa mère qui s'appelait Princesse et qui est morte en nous léguant cet orphelin... morte comme un vrai poilu, au champ d'honneur ! Alors, vous comprenez, on n'a pas hésité à l'adopter, l'orphelin... Maintenant, pour ce qui est de son nom et au cas où Marquis vous offusquerait, nous l'avons abrégé, nous en avons fait Quiqui.

Et, tandis qu'en entendant son nom, Quiqui se dresse sur ses pattes de derrière et salue de celles de devant :

— Quiqui par q-u-i, mon commandant! Pas de K. Ah ! non alors ! C'est une lettre boche, le K, et là-dessus, Quiqui ne veut rien savoir...

J'admire :

— Bravo ! Tu l'as bien dressé !...

— Oh ! dressé, c'est pas le mot, mon commandant... Ç'a été d'un facile ! Une leçon a suffi... tellement que je me demande s'il n'avait pas ça dans le sang... Sa mère, n'est-ce pas ? sa mère qui avait fait campagne...

Il ne peut plus être question de renvoyer un poilu pareil ; je lui tends la main comme à un homme :

— Ami, Quiqui ! Et à la vie à la mort, n'est-ce pas ?

Quiqui met **ses** deux pattes dans ma main : le pacte est scellé.

Le bon chien a d'ailleurs toutes les qualités que lui a prêtées son père nourricier : il sait se taire, il est très propre et rien ne l'effraie ; à ce point de vue-là, un vrai poilu. Au début du siège, chaque grenade boche qui éclatera chez nous le fera bondir et s'élancer vers l'endroit où elle est tombée... Comme il n'y aura jamais rien à ramasser et qu'il en reviendra toujours bredouille, il renoncera vite à s'émouvoir et attendra, tranquillement assis sur son derrière, que cesse la pluie de fer.

Brave Quiqui !... Qu'on m'excuse de parler si longuement de lui : il a été l'unique joie d'un enfer dont il a partagé toutes les souffrances et tous les dangers.

CHAPITRE V

Nous y voici. Aujourd'hui 1ᵉʳ juin, les Boches mettent la main sur la Caillette, et ils vont prendre Damloup.

Je peux parler de la Caillette, comme si j'avais été au milieu des nôtres : lorgnette en mains, j'ai pu, de mon créneau, suivre toute l'affaire, subissant le supplice d'assister, condamné à l'inaction, à l'effroyable pilonnage sous lequel nos camarades ont succombé. C'est en vain que les malheureux ont multiplié les fusées d'appel ; personne n'a pu leur répondre, je n'ai moi-même pour leur venir en aide que

les mitrailleuses de la casemate de Bourges
de gauche ; nous verrons comment elles
se comportèrent. Ah ! si j'avais eu des 75!
Je garde la conviction que le Boche aurait
été écrasé par notre barrage et que la 6ᵉ
division d'infanterie aurait été sauvée.

En effet, dans la casemate de Bourges,
tout est préparé pour le tir du 75. Sur un
tableau affiché au mur se trouvent inscrits
tous les éléments du tir : hausse, débou-
chage des évents, etc. ; de telle sorte qu'un
objectif qui se présente dans un endroit
quelconque du champ de tir peut être instantanément battu. Tout a été calculé pour
que l'arme donne son maximum d'effica-
cité, et cette arme terrible a été arrachée
de nos mains...

Mais voyons les faits.

Au bout de leur bombardement, les Boches sortent des carrières de Douaumont
et du bois d'Hardaumont, foncent sur la

division qui a subi l'ouragan de fer et de mitraille et s'emparent de ses tranchées : les hommes sont surpris occupés à se déterrer, la plupart d'entre eux sont ensevelis sous les éboulements ; les mitrailleuses brisées ou enrayées ne fonctionnent plus...

Cependant, nos mitrailleuses, à nous, ont fait du bon travail. Une pièce est braquée sur un boyau de communication qui, du bois d'Hardaumont, descend dans le ravin du Bazil. Une autre pièce sur le plateau de la Caillette. Calme comme à la manœuvre, le lieutenant Bazy commande le feu. Sa première pièce obtient des résultats. Nous voyons le boyau dont se servent les Boches obstrué peu à peu par les cadavres. Le fond du boyau se hausse de plus en plus jusqu'à les obliger à en sortir et à faire le tour du ruisseau de cadavres qui se forme là. Sur le plateau de la Caillette et aussi vers le ravin des Fontaines, les

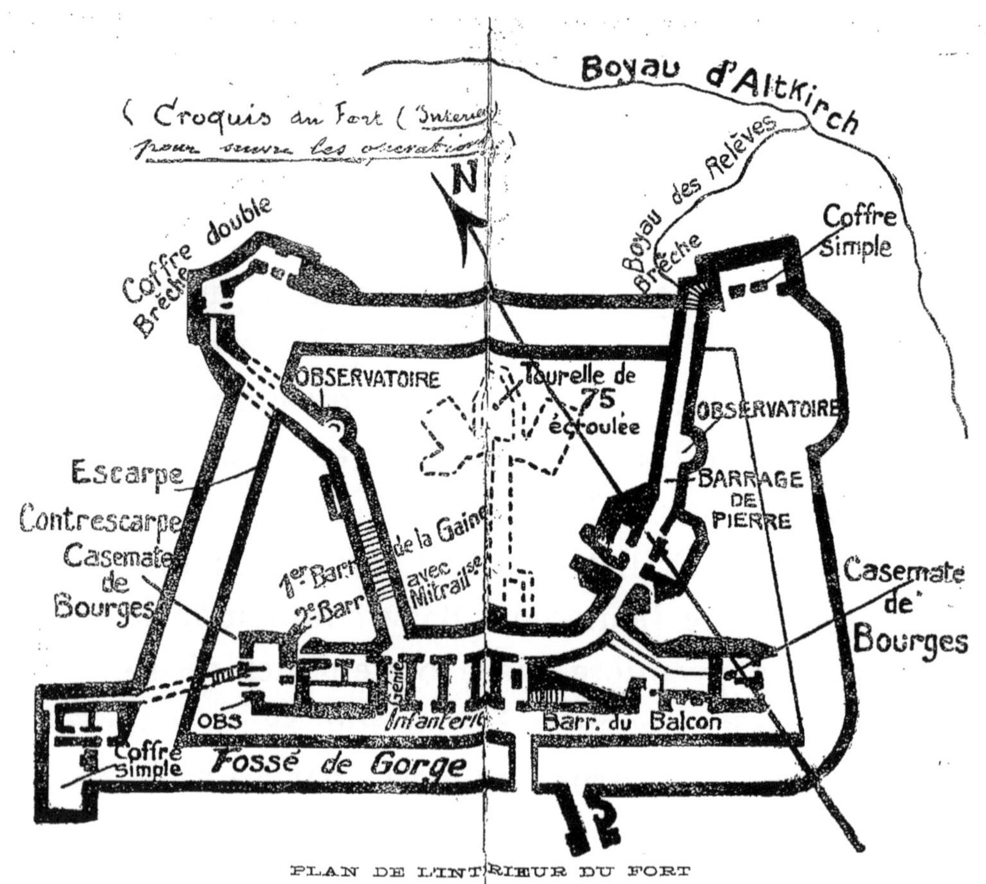

PLAN DE L'INTÉRIEUR DU FORT

Boches tombent en grand nombre. Mais leurs vagues, sans cesse renouvelées, submergent la position. En une demi-heure, la division a cessé d'exister. Tout ce qui en reste est prisonnier, et je vois défiler ces malheureux que les Boches dirigent vers le fort de Douaumont...

Tout ce qui en reste, non ! Un certain nombre d'hommes venant de la droite de la ligne attaquée, c'est-à-dire de la région de l'étang de Vaux et appartenant au 101ᵉ régiment d'infanterie, ont pu se réfugier chez nous : ils nous arrivent avec des visages convulsés, roulant des yeux fous, tels des évadés de l'enfer...

Ils sont accueillis et réconfortés, mais ne sont plus en état de faire des combattants, et je ne peux envisager sans angoisse ce supplément de bouches à nourrir...

L'après-midi, je constate, sans surprise d'ailleurs, que l'ennemi débouche des bois Fumin et de la Caillette et commence ses travaux contre nous. Il creuse, à 2.500 mètres du fort, sa première ligne de tranchées de siège — 2.500 mètres, l'extrême portée de nos mitrailleuses. Le tir de nos joujoux se déclenche, il porte : les terrassiers gris s'abattent ; ceux qui restent debout interrogent le ciel, regardant autour d'eux, cherchant d'où vient la mort. Nos mitrailleuses sont invisibles, mais le Boche a tôt fait de deviner que c'est le fort qui crache sur lui... Il continue imperturbablement sa besogne et, peu à peu, disparaît dans la tranchée qu'il a creusée. Quel que soit l'ordre qu'il reçoit, même s'il est sûr d'y rester, le Boche l'exécute ; c'est, il faut le reconnaître, un soldat redoutable.

Nous ne cesserons pas notre feu, qui continue à gêner la progression ennemie.

Les mitrailleurs de Bazy restent en position pendant quatorze heures consécutives. L'un d'eux, Lurato, blessé à la main droite, se fait panser sommairement et continue de la main gauche.

La nuit tombée, je reçois quelques communications : une du capitaine du 101ᵉ, commandant la première ligne entre l'étang de Vaux et le fort ; il rend compte que, dans l'après-midi, il a pu voir les Boches creuser des tranchées derrière lui : je les ai vus aussi. Une autre communication vient du commandant Casabianca du 101ᵉ : il a perdu sa première ligne, mais tient les redoutes 1 et 2, et peut-être la 3, situées en échelon en arrière et à gauche du fort. De ce côté-là, du moins, l'encerclement n'est pas encore chose faite. J'inscris tout cela dans mon rapport sur la journée du 1ᵉʳ juin, rapport que je confie au lieutenant Morier, et qui est sans doute parvenu. En vue de l'attaque qui se prépare, je demande au commandant du secteur, conformément aux règles en usage, que la relève des unités de garnison du fort, qui devait avoir lieu le soir même, soit ajournée. Ma demande est agréée.

Le tir de barrage commence qui couvrira l'assaut du fort, un tir méthodique, supérieurement établi et d'une puissance écrasante : le Boche nous fait bonne mesure.

Une pyrotechnie extraordinaire éclaire la nuit de mille couleurs : le signal est donné à toutes les batteries de l'assaillant.

L'assaut va se déclencher, je l'ai senti venir, tous mes hommes sont prévenus et à leur poste.

Pour résister à une attaque portant sur le fort les vagues boches, je devais pourvoir à la défense de neuf brèches : deux servant d'entrées de fortune et pratiquées dans les coffres N.-E. et N.-O. Deux autres dans chaque gaine, causées par le passage du chemin couvert, une septième dans la gaine de gauche au pied d'un escalier donnant accès aux dessus du fort ; enfin une huitième et une neuvième à l'entrée de gorge, dans le fond du fossé et à la hauteur du balcon. Ces brèches étaient obstruées par des barrières de sacs à terre disposées en chicane. J'en fais perfectionner l'installation. Il m'apparaît, en effet, que dans un combat à la grenade la chicane est peu indiquée, elle n'a guère de valeur que comme barricade défendue au fusil. Je fais établir, à la place des chicanes, un barrage plein, renforcé en épaisseur et percé de créneaux pour permettre le lancement des grenades. Je fais réparer autant que possible des destructions causées par le bombardement. Une de celles-ci est particulièrement grave. A quelques mètres de la grande galerie, la voûte de la gaine de gauche, conduisant au coffre double, s'est effondrée sur une longueur de 5 mètres. Cette ouverture constitue une véritable entrée supplémentaire très dangereuse dans le cas, qui se produira justement, où l'ennemi s'établirait sur la su perstructure de l'ouvrage. Une équipe, dirigée par l'aspirant du génie Bérard, exécute le travail sous le bombardement. Une première réparation est démolie par le 105. Elle est recommencée et la circulation est enfin rétablie entre la partie centrale du fort et le coffre double. Le sous-lieutenant Roy, commandant le détachement du génie, se multiplie ; ses équipes sont partout, car partout il y a à faire ; nos braves sapeurs méritent toute ma reconnaissance.

Des postes se tiennent derrière chaque barrage de sacs à terre. A chacune des entrées N.-E. et N.-O., de petits détachements de mitrailleurs sont prêts à s'élancer dès que le bombardement prendra fin, pour se porter devant le fort et faucher l'assaillant. Un autre détachement de mitrailleurs se tient prêt à monter sur les dessus du fort, avec un détachement de la compagnie de garnison. J'ai, heureusement, un supplément de mitrailleuses qui me permet de faire face aux nécessités de l'heure. Dans la journée, une compagnie de mitrailleuses du 53ᵉ régiment d'infanterie, commandée par le lieutenant Chald, a séjourné dans le fort, comptant le soir rejoindre son unité. Voyant l'attaque imminente, son chef vient se mettre à ma disposition. Je demande et j'obtiens du colonel du 53ᵉ l'autorisation de la garder.

Dans la nuit, le capitaine Tabourot qui commande une compagnie de première ligne et ne relève pas de moi, m'a demandé s'il peut faire rentrer ses hommes ; il lui est très difficile de joindre son chef direct qui est en arrière et que ses agents ne pourront pas atteindre, et c'est à moi qu'il s'adresse ; nous nous connaissons, nous nous sommes déjà vus plusieurs fois, il a confiance en moi comme j'ai confiance en lui ; je l'ai jugé et bien jugé : cet enfant de Dijon, ce Bourguignon taillé dans du cœur de chêne, est un brave entre les plus braves...

Je lui ai répondu : Non ! Le bombardement boche ne cesse pas, et ce n'est pas quand on s'attend à une attaque qu'on peut dégarnir la ligne...

Toute la nuit, l'intensité de ce bombardement redouble; elle atteint une moyenne de 1.000 obus à l'heure, et une bonne moitié de ces obus sont de gros calibre. Représentez-vous le fort de Vaux sous une pareille avalanche : il est le plus petit des forts de Verdun, sa superficie est trois ou quatre fois celle d'une salle de dimensions moyennes...

Un gros détachement de brancardiers est venu au fort pour enlever des blessés : il ne peut effectuer son opération et va se trouver enfermé avec nous.

Au matin, avant le lever du jour, le bombardement cesse subitement. Aussitôt, je demande par fusées le tir de barrage de notre artillerie et je pousse en avant les postes qui doivent tenir les dessus du fort : trop tard ; les dessus du fort sont déjà occupés par l'ennemi, et pour donner aux Boches toutes les chances, notre artillerie ne répond pas à mes appels.

Sous l'abri de leur tir de barrage, les Boches sont arrivés à nos fossés au moment où éclatait leur dernier obus, et ils les ont franchis sans difficultés : j'ai déjà dit que l'opération était facile, les fossés ayant été en partie comblés par la chute des revêtements.

Comme nos hommes sortent pour gagner les emplacements qui leur sont assignés, les grenadiers boches les accueillent à coups de grenades.

D'autres troupes ennemies essayent en même temps de pénétrer dans les postes : si elles y parviennent, tout est fini, le fort est pris.

Tabourot est là, à la porte nord-est : au moment où les Boches s'y précipitent, il se dresse devant eux avec les hommes qu'il commande. Il a les poches pleines de grenades. Debout sur la petite tranchée qui aboutit à l'entrée, magnifique et terrible, il lance ses grenades et tue tout ce qui approche. Le sous-lieutenant de Roquette, du 53ᵉ d'infanterie, sorti avec son détachement de mitrailleurs, ne peut se servir de son arme enrayée : il vient se joindre à

Tabourot avec l'aspirant Buffet, le sous-lieutenant Charles, le soldat Senécal et d'autres braves. Et cette poignée de héros sauve la porte nord-est : nos grenadiers restent les maîtres, ils ont culbuté les grenadiers ennemis.

Mais tout n'est pas dit : les Boches, qui sont montés sur le dessus du fort, viennent à la rescousse, et notre position se fait extrêmement difficile : l'ennemi est sur nos têtes, il nous domine de haut et arrose de grenades Tabourot et ses hommes.

Je vois tomber l'héroïque capitaine : une grenade lui a ouvert le ventre et tranché les deux jambes. On le ramène, sur un brancard, dans l'intérieur du fort.

Je voudrais courir à lui ; un autre devoir s'y oppose : j'ai mon fort à sauver.

Dès que je le peux, je me rends auprès de Tabourot : on l'a transporté au poste de secours, parmi une centaine de blessés dont la plupart agonisent. Le sous-lieutenant de Roquette est là également, grièvement blessé, et aussi l'aspirant Buffet, mais celui-ci n'a que quelques brûlures au visage.

Tabourot a toute sa connaissance, et voici son premier mot, une question où se résume tout ce qui l'agite :

— Mon commandant, les Boches ne sont pas là, j'espère ?

Je lui fais la réponse qu'il attend :

— Non, ils n'y sont pas et ils n'y entreront pas.

Sa main serre nerveusement la mienne, et je l'entends encore me dire :

— Mon commandant, j'ai fait cela pour la France et pour vous !

Et il ajoute :

— Je n'en ai plus pour longtemps, je

sens mes jambes déjà glacées... C'est fini pour moi, mais je m'en vais content...

Il parle encore, c'est pour réclamer l'aspirant Buffet, un Bourguignon comme lui, qui connaît sa femme et sa famille. Il le charge de son suprême adieu :

— Tâche de t'en tirer, toi, et dis à ma femme et aux miens comment je suis mort !

Une heure après, il expire...

Ah ! le brave, le magnifique soldat de France, bien digne de commander les sublimes poilus qui tombèrent avec lui ! Qu'il me soit permis de leur dire ici à tous ma reconnaissance et mon admiration, et aussi d'envoyer l'hommage de ma douloureuse sympathie à la veuve du capitaine Tabourot, à celle qui pleure là-bas, vers Dijon, le héros tombé pour la patrie !

Cette fin glorieuse de Tabourot et de ses hommes n'a pas abattu le courage des survivants ; bien au contraire, elle le surexcite. Pour ma part, je puise dans le sacrifice volontaire et si noble que ces héros nous ont fait de leur vie, une confiance absolue dans mes officiers et mes poilus. Je peux tout attendre d'eux, tout leur demander, et je ne serai pas déçu une seconde ; ils me donneront jusqu'au bout plus que je ne leur demanderai...

L'enfer continue. Les Boches ont essayé de mordre dans le fort ; ils s'y sont cassé les dents, mais ne nous lâcheront plus.

Il le leur faut, ce fort, dont leurs journaux annoncent déjà la capture comme un fait accompli, et ils vont prodiguer à le réduire toutes les ressources de leur formidable artillerie, tout leur atroce arsenal de produits chimiques.

Les Allemands sont arrivés à l'entrée des coffres nord-ouest et nord-est ; ils veulent passer et rien ne leur coûtera pour y parvenir. La lutte est terrible, le corps à corps effroyable.

Dans l'ouvrage qu'il a consacré aux derniers jours de Vaux, véritable monument élevé à la gloire de mes hommes, M. Henry Bordeaux cite ce passage d'une lettre écrite par un des combattants à sa famille : « Nos grenades faisaient du vide dans les rangs de l'ennemi, mais des renforts arrivaient toujours. Les morts et les blessés allemands formaient des tas mouvants que venaient encore déchiqueter nos projectiles. »

Le tableau est d'une exactitude saisissante, il traduit éloquemment ce que mes yeux ont vu.

Au coffre N.-E., la petite tranchée sur laquelle se tenait Tabourot a été prise par l'ennemi au moment où l'on enlevait le capitaine blessé, et les Boches se jettent sur l'entrée du coffre. La défense se reporte à l'intérieur et une mitrailleuse est placée derrière quelques sacs de terre ; elle est presque aussitôt démolie à coups de grenades. Des tirailleurs armés de fusils la remplacent et pendant plus de deux heures l'ennemi accable de grenades les défenseurs du coffre N.-E. Ceux-ci, à moitié asphyxiés, n'en pouvant plus, sont enfin submergés par les Boches qui, comme un torrent, se précipitent à l'intérieur du coffre et aussitôt se jettent dans la gaine qui conduit à la partie centrale du fort. Je les entends descendre et remonter l'escalier qui passe sous le fossé. En haut de l'escalier, de notre côté, ils se heurtent à une nouvelle barrière qu'ils n'ont pas prévue. Pendant le combat qui se livrait dans le coffre et pour le cas où il tournerait mal, j'ai fait élever un barrage de sacs de terre dont l'aménagement ne me satisfait pas complètement mais qui les arrête net. Je suis derrière ce barrage avec mon brave Alirol et le sergent chef de poste. J'entends les Boches de l'autre côté ; ils explorent avec précaution et manigancent quelque chose ; je fais signe à mes hommes de se retirer un peu : il n'était que temps ! Mon barrage saute en l'air dans une explosion formidable.

Nous y courons après quelques instants ; les Boches, craignant plus que nous les effets de l'explosion, n'y sont pas encore. Vite, une équipe de sapeurs du lieutenant Roy, et nous reconstruisons notre barrage, mieux cette fois ; il aura des créneaux et sera construit au-dessus de la dernière marche de l'escalier, de façon à nous rendre l'utilisation de l'observatoire. Je suis tranquille de ce côté ; mais que vient me dire le brave sous-lieutenant Denizet, de l'artillerie, qui défend de l'autre côté, avec le lieutenant Girard, le coffre double ? Les

Boches sont sur sa tête ! Il leur interdit avec ses pièces le passage des fossés et par conséquent coupe les communications de ceux qui se sont installés sur les dessus du fort. Alors les Boches ont descendu des paniers et, en les faisant exploser, ont mis les pièces hors de service.

Par une attaque à l'aide de lance-flammes, ils ont essayé de détruire la garnison, et une quinzaine d'hommes ont été blessés et parmi eux le brave aspirant Salva, des mitrailleurs du lieutenant Bazy. Le coffre double ne peut plus remplir son office de flanquement. De plus, les Boches du dessus du fort, rencontrant les traces du travail fait par l'équipe de l'aspirant Bérard, se sont mis à la défaite. Dans peu d'instants un trou de 5 mètres dans la voûte de la gaine va permettre aux Boches, en lançant des grenades, de couper les défenseurs du coffre double. J'ordonne alors son évacuation et un autre barrage est construit aux créneaux pour grenadiers, en arrière de cette ouverture.

Revenons aux premiers moments de l'attaque et voyons ce qui s'est passé sur les autres points du fort.

Par la brèche du balcon et avec une fougue incomparable, le lieutenant Alirol, commandant la compagnie de garnison, pousse à l'extérieur son détachement qui doit monter sur les dessus du fort. Il est accueilli sur le balcon même par les grenadiers boches. D'autres font également pleuvoir des grenades des dessus du fort. Alirol riposte avec héroïsme. Lui aussi lance la grenade, mais sa position est par trop mauvaise en regard d'un ennemi supérieur en nombre et qui le domine.

Refoulé dans le fort, Alirol me rencontre au haut de l'escalier de gorge. Il est brisé par son échec et tout frémissant :

« Ah ! mon commandant, c'est terrible ! »

Je lui serre les mains et le réconforte, et en même temps que ses blessés sont transportés au poste de secours, je prends avec lui les mesures nécessaires pour consolider le barrage du balcon.

Là encore, les Boches se brisent sur un obstacle qu'ils ne peuvent franchir. Leurs vagues impuissantes viennent mourir à toutes nos brèches. A celle de l'escalier de la gaine de gauche, défendue par les poilus du lieutenant Girard, du 53°, quelques-uns dans un français assez pur, crient :

« Rendez-vous, braves Français, vous êtes cernés ! »

Une décharge terrible leur répond, et les assaillants remontent l'escalier en hurlant de douleur et vomissant des imprécations et des menaces :

« Voyous ! apaches ! vous serez fusillés ! »

Quelques cadavres restent sur place.

Devant le coffre double, les mitrailleurs des lieutenants Girard et Bazy et les grenadiers du lieutenant Alirol, commandés par le caporal Bonnin, en ont interdit l'entrée à l'ennemi ; mais ils n'ont pu l'empêcher de monter sur le dessus du coffre et nous avons vu le parti que les Boches ont su tirer de leur position dominante à cet endroit.

Ainsi, dans l'après-midi, la situation peut se présenter comme suit : l'ennemi a réussi à s'emparer des coffres N.-E. et N.-O. Il s'est installé fortement sur les dessus du fort.

La lutte continue dans les gaines qui conduisent à la galerie centrale.

Ces gaines, je les transforme en redoutes ; des entassements de sacs à terre vont dresser devant le Boche des murs où il se brisera. Chacun de ces murs devient un autre fort dans le fort, et qui nécessite un autre siège.

Les pertes de l'ennemi sont effroyables, mais il reçoit sans cesse des renforts, des troupes fraîches qui escaladent le fort, travaillent sur les dessus et autour de l'ouvrage. Il occupe nos anciennes tranchées qu'il a armées de mitrailleuses ; il est même parvenu à en installer sur le dessus du fort.

Tenter une sortie nous est interdit sous peine d'être anéantis par les feux de ces mitrailleuses. Nos communications avec l'arrière sont coupées sans recours.

Communications coupées, oui, mais il me reste mes pigeons et mes signaux.

J'envoie mon premier message par pigeon ; j'y fais connaître la situation et rends hommage à la vaillance du capitaine Taboulot, mortellement blessé.

Puis je remanie mes dispositions et je divise le fort en secteurs. Ce sont, de la gauche à la droite :

Sous-lieutenant Denizet : le coffre de gorge et la gaine qui y conduit ;

Lieutenant Bazy : la casemate de Bourges de gauche et les barrages du chemin couvert qui y sont voisins ;

Le lieutenant Girard : le barrage de la gaine conduisant au coffre double et les environs immédiats ;

Sous-lieutenant Fargues, de la compagnie Alirol : les barrages de la grille et du balcon donnant sur le fossé de gorge ;

Sous-lieutenant Albagnac, de la compagnie Alirol : les barrages du chemin couvert dans la gaine conduisant au coffre N.-E. et le barrage de l'observatoire dans la même gaine ;

Sous-lieutenant Rabatel : casemate de Bourges de droite et la gaine y conduisant ;

Le lieutenant Alirol, commandant la compagnie de garnison, garde un rôle de surveillance générale.

Ainsi s'organise cette lutte de taupes que je dois subir dès le matin par suite de l'impossibilité où je me suis trouvé de jeter dehors aucun détachement. Mais le fort n'est pas perdu pour cela et je vais dans tous les postes parler aux poilus, raffermir leur confiance, exalter leur moral.

Les conditions si mauvaises de l'habitat ont provoqué, chez le paludéen que je suis (souvenir de mon long séjour aux colonies) un accès de fièvre qui m'a fait consommer toute la quinine dont disposait mon médecin auxiliaire, M. Conte.

Mais je n'ai plus le droit d'avoir la fièvre. Dans le combat et devant le danger, elle a disparu et je me sens complètement dispos. Je passe ma nuit avec le sous-lieutenant Roy et d'autres officiers à combiner de nouvelles défenses. Puisqu'il faut se battre comme des taupes, nous tâcherons d'être de bonnes taupes et de faire quelque chose de propre, de français !

A la fin du jour, j'ai fait mes premières distributions de vivres. Confiant dans l'exactitude des écritures, je fais donner un litre d'eau par homme, et je considère cette ration comme un minimum. Je devrai, hélas ! la réduire beaucoup dans la suite.

Les écritures m'ont trompé, la réserve d'eau est très inférieure au chiffre donné, et cette eau est presque imbuvable. Elle exhale toutes les odeurs putrides flottant dans l'atmosphère du fort. M. Conte la purifie de son mieux en la filtrant à lravers du coton imprégné d'un liquide désinfectant.

Les combats livrés ce jour dans le fort ne nous ont pas empêchés de surveiller le champ de bataille de la Caillette. L'ennemi se montre très actif dans les boyaux du Sud du bois d'Hardaumont. Les mitrailleuses de la casemate de Bourges, de gauche, pointées sur ces boyaux, tirent sur les groupes ennemis qui se portent en avant. Ce tir bloqué est très meurtrier pour les Boches.

Nous voici au 3 juin.

Dès le jour, les combats recommencent. A 4 heures du matin, les Boches attaquent, dans le secteur du sous-lieutenant Albagnac, le barrage de l'observatoire et les barrages du chemin de ronde. Nos grenadiers ripostent vigoureusement aux grenadiers boches qui laissent des plumes dans cette affaire. Nous gardons nos positions, les Boches sont repoussés.

A 13 heures, les Boches renouvellent leurs tentatives sur les mêmes points et sans plus de succès.

A 16 heures, ils reviennent avec une opiniâtreté extraordinaire sur le barrage de l'observatoire. Ils veulent ce dernier poste et moi je veux le garder : de son sommet, j'aperçois tout le champ de bataille.

Cette fois, ils emploient des moyens puissants. Avec des grenades ou des engins à forte charge d'explosifs lancés sur le sommet du barrage, ils provoquent son écroulement. Les défenseurs sont ensevelis sous les sacs à terre, aveuglés par la fumée, brûlés par l'explosion. Ils se déterrent à grand'peine et les Boches envahissent la gaine, mais un tir de mitrailleuse déclanché à temps les chasse de la gaine et après une reconnaissance courageuse faite par le sergent, je ramène le poste, après l'avoir recomplété, sur le barrage que nous reconstruisons. La situation est rétablie et je respire.

A la fin du jour, distributions. On me signale la baisse inquiétante du niveau de l'eau dans la citerne. Je réduis la ration d'eau puante à trois quarts de litre.

Je rends compte de la situation par mon deuxième message par pigeon.

Les sapeurs du génie poussent activement les travaux que j'ai ordonnés : construction d'un barrage en pierre pour doubler la grille en fer dans la gaine de l'observatoire ; construction d'un barrage en sacs à terre à l'entrée de cette gaine, près de la galerie centrale, avec poste de mitrailleuses ; construction d'un barrage' semblable à l'entrée de la gaine du coffre double.

Il n'y a plus de terre pour remplir les

sacs : nous nous en procurons en affouillant le sol dans la gaine qui conduit au secteur du lieutenant Bazy.

Pendant la nuit, les Boches recommencent leur attaque sur le secteur Albagnac : ils sont repoussés.

Depuis le 1ᵉʳ, personne ne dort dans le fort, Officiers et soldats se tiennent à leurs postes, prêts à agir. Les Boches, eux, sont relevés et nous avons affaire à des troupes fraîches. C'est ce qui explique le renouvellement si fréquent de leurs attaques qui n'auraient pas pu être faites par la même troupe.

Nous atteignons le 4 juin.

Journée plus terrible encore. Vers 8 h. 3o, les Boches effectuent deux attaques combinées : une sur le barrage de l'observatoire, l'autre sur le barrage de la gaine de gauche. Par les ouvertures de nos créneaux, ils nous lancent des flammes et des fumées asphyxiantes qui répandent une odeur insupportable et nous prennent à la gorge. D'une extrémité à l'autre du fort, le cri est poussé : A vos masques ! Dans la gaine de gauche, les défenseurs, chassés par les flammes et les fumées, refluent vers la galerie centrale. Mais là se trouve le brave lieutenant Girard. Il se précipite dans la fumée, sur les mitrailleuses que ses hommes ont été contraints d'abandonner. Il a la chance d'arriver avant les Boches et immédiatement ouvre le feu sur la nappe de gaz qui s'échappait du barrage droit devant lui. Entraînés par son exemple, ses hommes reviennent, se remettent à leurs pièces et pendant plus d'une heure font feu sans interruption. Ayant nettoyé le terrain entre ses mitrailleuses et le barrage, Girard reporte en avant les grenadiers qui réoccupent leur poste et chassent définitivement le Boche.

Dans cet âpre combat, livré dans la fumée et dans l'obscurité complète, car les gaz avaient éteint toutes les lampes, le brave Girard reçoit plusieurs éclats de grenades à la figure et aux mains, blessures légères heureusement. Il ne se retire dans la casemate de Bourges de gauche que quand la situation est complètement rétablie. Mais arrivé là, il est pris de vomissements provoqués par l'absorption des gaz et perd connaissance. Les soins qui lui sont donnés le raniment bientôt et il reprend immédiatement son commandement. Girard a donné là une preuve de vigueur et de bravoure incomparables.

Dans la gaine de droite et à la même heure, la même attaque se produisait. Chassés par les flammes et la fumée asphyxiante nos hommes se repliaient derrière le barrage en moellons.

Pendant que se déroulaient ces combats

et que le danger d'être enlevés de vive force se doublait du péril d'être asphyxiés, je prenais toutes les dispositions pour échapper à tous les deux et déjouer les calculs de l'ennemi. Les treuils d'aération, qui prennent l'air dans le fond du fossé, sont d'abord activés. Puis les **gaz asphyxiants** commençant à tomber dans le fond du fossé, je suis obligé de les arrêter. Toutes les fenêtres de la grande casemate sont débarrassées des sacs à terre qui les obstruent et un grand courant d'air est ainsi créé. Mesure efficace : au bout de trois quarts d'heure environ, l'air redevient respirable. Beaucoup d'hommes ont souffert et se sont évanouis. Je vais visiter le poste de secours et pendant que M. Conte me fait un rapport, j'entends un blessé, étendu sur un brancard posé à terre, s'écrier d'une voix rude : « Vous en verrez d'autres, camarades ! Les Boches vous enverront des trucs plus terribles encore ! » Quel est cet homme qui a cette mâle et forte manière d'exhorter son monde ? Je regarde et reconnais le sous-lieutenant de Roquette, très dangereusement blessé à la cuisse, un œil traversé par un éclat de grenade. Il souffre cruellement, mais son âme ne faiblit pas, et cette vaillante attitude, il la gardera, au milieu de toutes les épreuves, jusqu'au dernier instant. Bravo, de Roquette ! Me penchant sur lui, je lui serre la main.

En somme, cette attaque procure aux Boches la seule possession du barrage de l'observatoire, duquel nous ne pouvons plus nous approcher. C'est pour moi une perte sensible et je songe à parer aux attaques semblables qui pourront être faites dans la suite. Je fais fermer hermétiquement le premier barrage de la gaine de gauche et reporter mes grenadiers à trois mètres en arrière sur barrage pour mitrailleuses et grenades, le premier n'étant plus destiné qu'à servir de cloison étanche. Je fais obturer les tuyaux encastrés dans la voûte de la grande galerie et qui nous procuraient un peu d'aération par les dessus pour empêcher, par ces ouvertures, le jet de grenades, le lancement des flammes ou des gaz.

A la casemate de Bourges de droite, les Boches essaient une attaque par les flammes lancées devant les créneaux. Le sous-lieutenant Rabuttel, qui veille dans ce secteur, déjoue l'attaque. Les porteurs de ces machines infernales sont tués et nos mitrailleurs s'emparent des flamenwerfer qui me sont apportés.

Je songe qu'une attaque en grand pourrait se faire de la même façon sur les fenêtres de la grande casemate, dont nous occupons tous les locaux. Cela pourrait être la fin et une fin terrible. Pour y parer, je fais braquer, par le sous-lieutenant Denizet, qui occupe le coffre flanquant du fossé de gorge, une mitrailleuse sur le rebord supérieur de la grande casemate. Tous les Boches qui se montrent là sont tués ou blessés et l'ennemi est obligé de se reporter un peu en arrière et de renoncer à agir sur la façade de gorge. Notre esprit constamment tendu cherche toujours, non seulement à déjouer les attaques en cours, mais à prévoir la forme que peuvent prendre les attaques subséquentes et à y parer d'avance. Et ainsi nous tenons, le fort remplit la mission qui lui est assignée : maintenir l'ennemi jusqu'à ce qu'une contre-attaque vienne rétablir la situation.

Dans l'après-midi, l'ennemi bombarde furieusement les bois Fumin et de Vaux-Chapitre. Les mitrailleuses de Bazy entrent de nouveau en scène, le Boche ne peut réaliser de sérieux progrès.

C'est dans le courant de cet après-midi que le sergent du génie garde-magasin du fort vient me trouver, demande à me parler seul et me dit d'une voix étranglée : « Mon commandant, il n'y a presque plus d'eau dans la citerne. » Je me dresse, je fais répéter, je secoue le sergent :

— Mais c'est une trahison !

— Non, mon commandant, nous n'avons distribué que les quantités que vous avez prescrites ; mais les indications du registre sont erronées !

C'est l'agonie qui commence. Je donne l'ordre de réserver ce peu qui reste et de ne pas faire de distribution aujourd'hui.

Vers vingt-deux heures m'apparaît tout à coup, très pâle et l'épaule bandée de linges tachés de sang, le lieutenant Bazy, commandant la compagnie de mitrailleuses du 142°. Voyant passer non loin du fort une petite troupe et discernant les cris : 53° ! 53° ! il s'est penché en dehors du créneau de l'observatoire voisin de sa casemate de Bourges pour essayer de reconnaître cette troupe. Elle passe et est bientôt hors de vue. A ce moment précis, Bazy reçoit un éclat de grenade dans l'épaule.

Je l'engage à rentrer au poste de secours tout en regrettant d'être privé de ses précieux services à un moment aussi critique.

— Mon commandant, me répond ce brave officier, j'ai encore un bras et mes deux jambes, ma tête est solide ; je garde mon commandement.

Puis il me dit qu'il n'est pas certain que la troupe qu'il a vue passer soit une troupe française : l'accent lui a paru étrange et enfin elle a interpellé le 53° alors que la garnison appartient au 142° et que ce fait doit être connu à l'extérieur.

Et Bazy retourne à son poste, donnant ainsi à ses mitrailleurs le plus admirable exemple.

Nous avons su, depuis, que la petite fraction qui est passée ainsi en vue du fort, appartenait au bataillon du 298° qui tenait, en arrière et à gauche du fort, la redoute R où il avait relevé le bataillon du 101° du commandant Casabianca.

Malgré l'imprécision du renseignement Bazy, je démêle que de l'extérieur on cherche la liaison avec nous. Je veux moi-même essayer d'y parvenir et je donne l'ordre au lieutenant Alirol d'envoyer deux de ses coureurs vers notre gauche. Ces coureurs sortent par le coffre simple de gorge et rentrent par le même chemin sans avoir découvert aucune troupe française dans nos environs.

Mais le salut ne m'apparaît possible que par l'intervention rapide de nos forces, par le déclenchement de notre contre-attaque, et je vais m'efforcer de la hâter.

J'expédie mes deux derniers pigeons en me faisant plus pressant dans mes rapports. Je ne dis pas, cependant, à quelle extrémité j'en suis réduit au sujet de l'eau : ce mode de liaison n'est pas d'une sûreté parfaite, l'un de ces messagers peut tomber aux mains de l'ennemi. La précaution prise n'est pas inutile, puisque l'un de mes deux messagers arrive blessé au colombier de Verdun, blessé et ayant perdu son message. Tous mes pigeons étant partis, comment vais-je communiquer avec l'extérieur ?

J'ai, dans le fort, une petite équipe de télégraphistes du génie et quand ces sapeurs me sont arrivés, ils m'ont informé qu'une équipe semblable avait été envoyée au fort de Souville pour établir une liaison par l'optique avec le fort de Vaux. Or, tous les appels que nous avons faits à Souville hier et avant-hier sont restés vains. Je les renouvelle et fais interroger non seulement Souville, mais tous les points de l'horizon et l'horizon reste muet. Je me rends compte du pourquoi. C'est que, pour recevoir mes signaux, il faut s'établir en poste sur le plat, sur le « billard », comme disent les poilus dans leur langue imagée. Or, sur le « billard » tombe le dru et meurtrier bombardement boche.

Renoncer, je ne peux pas m'y résigner, je n'en ai pas le droit : il faut que j'arrive à relier mon fort à la mère patrie.

Je choisis deux sapeurs télégraphistes, jeunes et robustes, taillés pour faire ce que j'attends d'eux. Je leur montre la lanterne optique qu'ils connaissent bien, puis Souville qu'ils connaissent également, et je leur dis :

— Il faut qu'avant la fin de la nuit, un

appareil soit installé là-bas pour recevoir mes communications et me télégraphier les réponses.

— Bien, mon commandant.

— Vous allez vous charger d'arriver à Souville et d'y faire le nécessaire.

— Oui, mon commandant.

— Pour vous évader d'ici, vous avez d'abord à exécuter un saut de trois à quatre mètres.

— Nous le ferons.

— A partir de ce moment, vous serez sous les feux de l'ennemi qui ne négligera rien pour vous abattre...

— Oui, mon commandant !

— Vous passerez !

— Oui, mon commandant !

— Vous irez d'abord au fort de Tavannes et vous mettrez le commandant de la division au courant de notre situation...

Ici, je leur révèle à voix basse que nous n'avons plus d'eau.

— De là, vous filerez sur Souville, c'est mon ordre ! Vous vous posterez à l'endroit le plus favorable pour voir nos signaux.

— Oui, mon commandant !

— Et vous répondrez au premier de mes appels qui vous aura touché.

— Oui, mon commandant !

Je leur tends la main, j'ai envie de les embrasser !

Ils partent. Et c'est d'abord, pour sortir du fort, le saut à faire : j'y assiste le cœur serré : mes deux braves peuvent y rester...

Mon cœur se desserre, je respire : mes deux sapeurs — tels deux sloughis — ont exécuté le saut avec une admirable souplesse, et je les vois s'éloigner en courant. Les Boches les ont vus aussi et les accompagnent d'une telle rafale de mitraille que mes pauvres braves ne peuvent que par miracle échapper à la mort...

Je les perds de vue. Sont-ils tombés ? Poursuivent-ils leur course ? Je l'ignore, mais tout dit qu'ils ont succombé, et un remords me vient d'avoir inutilement sacrifié ces deux existences.

Ah ! la terrible angoisse !

Penché sur mon appareil, devant le créneau d'où je découvre, au loin, la devinant plutôt, la masse noire de Souville, j'appelle ! J'appelle !...

Rien. Nulle réponse ne s'allume dans la nuit... Mes deux sacrifiés sont bien restés en route, et dans le fond de mon cœur, je les pleure, ces deux héros.

Avant de m'éloigner du créneau, je fais une dernière tentative, je lance un suprême appel qui sera sans doute perdu comme les autres...

— Oh !...

Le cri a jailli malgré moi de ma gorge : là-bas, à Souville, un feu s'est allumé qui semble me répondre.

Je télégraphie :

— Est-ce vous ?

Les feux me répondent :

— Souville !

Je fais faire les appels, il y est répondu par les signaux convenus. Mon premier message optique est lancé ; je le termine en demandant de nouveau qu'on tente de nous dégager — et c'est à mes deux sloughis que je dois de le pouvoir : ils sont arrivés, ils ont accompli leur mission, relié à la mère patrie le fort perdu dans la tempête !

Ah ! mes braves enfants ! Pardonnez-moi ! Je voudrais inscrire ici vos deux noms ; je me frappe la poitrine de les avoir oubliés. Je ne peux pas les apprendre à ceux qui lisent ce récit. Mais vous avez mérité de vivre, la fin de la guerre vous aura trouvés debout et peut-être le lirez-vous vous-même le récit de votre magnifique exploit. Vous saurez du moins que votre commandant ne vous a pas oubliés et qu'il ne vous oubliera jamais.

Le 5 et le 6, la bataille continue, elle fait rage, le Boche précipite ses coups, multiplie ses assauts, recourt à l'arme lâche des fumées mortelles. Voici, avec les gaz empoisonnés, les jets de flammes...

C'est bien l'enfer, mais ce n'est pas lui qui aura raison de mes hommes ! Ils tiennent, ils font tête à tout ; chaque pied de terrain, chaque échelon d'escalier est le siège d'un combat héroïque, un contre dix, contre vingt ! Et cette défense homérique va durer deux jours encore, deux jours et deux nuits, et les vivres manquent, et il n'y a plus d'eau, et l'on ne dort plus !... Les mots me manquent pour célébrer mes braves comme ils le méritent. J'y renonce...

Quiqui assiste à la bataille ; il y est habitué maintenant. C'est presque un grognard. Tout l'intéresse et rien ne l'inquiète. Il est naturellement brave, comme sa mère morte au champ d'honneur. Il aime le bruit et ignore le danger.

Il se précipite dans la gaine de droite où éclatent des grenades ; le combat qui s'y livre dans l'obscurité et la fumée, ce combat où il ne voit plus ses amis, où il n'entend que des explosions, des cris de fureur et des plaintes, ne le retient qu'un instant. Vite il court à la gaine de gauche où crépitent les mitrailleuses dans la casemate de Bourges. Ici, l'air et la lumière entrent par de larges créneaux... la mort aussi, hélas ! Le calme des mitrailleurs, leur attitude grave, leurs gestes rapides l'impressionnent ; il regarde tout, il voit tout et se donne l'air d'y prendre part... Mais personne ne s'occupe de lui, personne n'a le temps de le caresser... Un peu déçu, tout triste, il s'en retourne doucement à la casemate où il retrouve son ami le sapeur et il semble lui dire :

— Il ne fait pas bon ici !

Tout à coup, du nouveau, une sauvagerie boche que Quiqui ne connaît pas encore, dont il va pour la première fois éprouver les effets :

Après le fracas de explosions, une fumée noire, d'une âcreté mortelle, emplit le fort.

— A vos masques ! A vos masques !

Le cri éclate, court partout, et, en quelques secondes, tous les hommes ont arboré le masque qui les met à l'abri de l'asphyxie.

Et Quiqui ? Quiqui que rien ne protège, on n'a pas songé à faire des masques pour les chiens !...

Son père nourricier est là qui ne perd pas la tête pour si peu : le brave sapeur lui colle une cagoule sur le museau et l'y maintient tout le temps qu'il me faut pour chasser la pestilence...

L'air redevient respirable, les hommes peuvent enlever leurs masques, et Quiqui est débarrassé de sa cagoule, mais il a un air abattu qui fait peine à voir...

Je lui parle :

— C'est pas des choses à faire, hein ! mon pauvre Quiqui !

Il est tout à fait de mon avis et le fait entendre en se mouchant énergiquement.

Hélas ! mon brave Quiqui, nous n'en avons pas fini avec les choses qui ne sont pas à faire !

Et le moral reste bon ! Mes hommes

n'ont pas une minute de défaillance, ils regardent la mort en face, leur sacrifice est fait, total, absolu. Dans cet enfer où ils tiendront jusqu'à leur dernier souffle, ils ont pris figure de démons et blaguent la souffrance !

Aussi bien, tout espoir n'est pas perdu. Je communique avec Souville ; j'ai signalé : « Sommes à toute extrémité. » Souville m'a répondu : « Courage, nous attaquerons bientôt. » Et je sais très bien qu'on ne nous abandonne pas ; je suis sûr qu'on prépare cette attaque qui nous dégagera.

Dès que m'a été révélé l'épuisement de la citerne, j'ai pris des mesures pour faire sortir du fort les bouches inutiles, c'est-à-dire les réfugiés des combats du 1er juin, hommes des 7e et 8e compagnies du 148e, petits éléments du 101e, groupe de brancardiers qui, entrés la nuit du 1er au 2 juin, n'ont pu en sortir bloqués par l'intensité du bombardement. Le mouvement doit se faire dans la nuit en commençant par la 7ᵉ compagnie du 142ᵉ. Ce groupe possède un gradé énergique pour le conduire ; c'est l'aspirant Buffet, qui a si bien combattu le 2 juin au matin, aux côtés du brave Tabourot. Je donne mes instructions à Buffet et je lui prescris de faire connaître la situation du fort aux états-majors qui sont installés au fort de Tavannes et à Dugny.

Derrière les deux sapeurs télégraphistes qui ont commencé le mouvement, le groupe de l'aspirant Buffet escalade à son tour la façade de gorge et le talus de contrescarpe. Déjà éveillée par la sortie des sapeurs, l'attention des Boches qui sont aux écoutes se fait plus active. Les mitrailleuses en batterie sur la grande casemate font feu d'une manière continue. Je suis obligé d'interrompre le mouvement de sortie, d'ailleurs très lent. Mais Buffet et un certain nombre d'hommes de son groupe ont pu passer. Je renvoie la continuation de ce mouvement à la nuit suivante.

Ainsi s'achèvent cette journée et cette nuit tragiques du 4 juin. L'issue glorieuse des combats de la journée m'avait laissé plein de fierté et d'espoir. Le sergent garde-magasin, en me faisant connaître l'épuisement de la citerne, m'a révélé notre point faible et infligé une angoisse que je dissimule de mon mieux. Les premières lueurs de l'aube vont apparaître. De quoi demain sera-t-il fait ?

5 juin, cinquième journée d'enfer !

Le jour s'est levé, mais dans les gaines et dans la grande galerie, c'est toujours l'obscurité profonde. Il me faut maintenir quelques lampes d'applique constamment allumées, dans la grande galerie, pour permettre la circulation.

Vers cinq heures du matin, le barrage du chemin couvert près de la casemate de Bourges de gauche, saute dans une explosion formidable qui renverse une partie de la maçonnerie, et par la brèche ainsi ouverte, l'ennemi apparaît, projetant des liquides enflammés. Heureusement, l'énorme courant d'air qui se produit contrarie et annule l'action des flammes en les rejetant vers leur foyer d'émission. Un instant surpris, nos mitrailleurs et nos grenadiers, conduits par Bazy et par Girard, reviennent et attaquent à coups de grenades. L'ennemi recule. Nous rétablissons notre barrage et emportons nos morts et nos blessés, car cette nouvelle attaque nous coûte encore de cruels sacrifices. Mes deux braves lieutenants Girard et Bazy sont de nouveau blessés, mais peu grièvement, par des éclats de grenades. Tous deux demandent à conserver leur commandement.

J'arrête, dans la grande galerie, le caporal Bonnin, tout courant, la figure animée :

— Où vas-tu ?

— Mon commandant, je vas vous dire : ils nous font ribouler de la terre par dessus !

C'est à peine si je comprends et je vais voir ce qui se passe : les Boches renonçant à l'attaque de ce barrage, semblent maintenant vouloir nous interdire une sortie par cet endroit et comblent de terre, jetée à la pelle, l'excavation du chemin couvert. Mais dans mes télégrammes précédents, j'ai demandé l'intervention de l'artillerie française sur les dessus du fort, et la voilà qui commence à donner : Boum ! un éclatement de demi-lourd juste à cet endroit et nous voyons, par le créneau de l'observatoire et par ceux de la casemate de Bourges, des cadavres boches projetés dans les fossés.

Le travail cesse instantanément au-dessus de nous. Mais en même temps qu'il a fait fuir le Boche, notre obus a fait glisser le plafond du chemin couvert, d'une seule pièce, sur ses pieds-droits, jusqu'au talus de terre créé par les Boches, et, de fait, cette issue du chemin couvert est définitivement obstruée.

Dans la gaine de droite et à peu près à la même heure, une attaque identique se produisait sur les barrages du chemin couvert.

Le brave sous-lieutenant Albagnac, qui commande là, est projeté par l'explosion, est forcé de ramener ses hommes dans la grande galerie et, ayant constaté au passage l'absence momentanée du mitrailleur qui doit veiller à notre dernier barrage de cette gaine, il est pris d'un accès de fureur qui n'est que trop compréhensible, il crie, il appelle son chef et ses camarades : je fais immédiatement remplacer le mitrailleur absent, le feu est ouvert et la progression des Boches dans la gaine arrêtée net.

Et j'envoie le lieutenant Alirol calmer Albagnac. Celui-ci croit voir là un blâme de son chef.

— N'aurais-je pas fait mon devoir ? s'écrie-t-il.

Et il porte la main à son revolver.

Alirol le détrompe, le ramène au calme. Mais quel admirable soldat qui préfère mourir que d'être soupçonné, non pas de lâcheté, mais de faiblesse !

Moins heureux à droite qu'à gauche, j'ai dû céder, avec les deux barrages du chemin couvert, le barrage en pierre construit derrière la grille. Mais les Boches sont arrêtés devant notre dernier barrage, défendu à la mitrailleuse, et n'osent se lancer dans la gaine par les issues qu'ils possèdent du chemin couvert.

Cette journée du 5 juin, dans laquelle le Boche n'a pourtant obtenu qu'un bien maigre succès dans la gaîne de droite, succès chèrement payé, est pour nous une journée de terribles souffrances physiques. Les combats du matin, courts et violents, ont nécessité la mise en œuvre de toute la garnison et les forces de nos hommes sont épuisées. Dans la poussière et dans la fumée, je les vois haletants. Déjà, hier, j'ai constaté qu'ils n'avaient guère touché aux vivres distribués, à cause du manque d'eau. La viande de conserve est salée, elle passe mal dans nos gorges desséchées. Moi non plus, je n'ai pas mangé hier et je n'ai pas grand' faim aujourd'hui ; je n'ai que soif.

Je vois mes hommes écrasés de fatigue, silencieux et mornes. Si j'ai encore un effort à leur demander, ils en seront incapables. Je décide en conséquence de leur distribuer les dernières gouttes d'eau à odeur de cadavre que contient la citerne. Cela représente un quart à peine pour chacun, c'est nauséabond et c'est bourbeux et cependant nous buvons cet horrible liquide avec avidité. Mais c'est trop peu et la soif subsiste. La somme de nos misères s'est accrue, si possible, par la perte des cabinets d'aisances qui se trouvaient dans la gaîne de droite. Des odeurs méphitiques nous serrent à la gorge. Je télégraphie à Souville pour appeler en hâte l'aide extérieure dans laquelle j'ai mis ma dernière espérance.

A peine l'opérateur a-t-il quitté l'ouverture sur laquelle est disposée la lanterne optique, qu'un obus éclate juste devant cette ouverture. Des cris de douleur y répondent : les brancardiers qui logeaient dans cette casemate sont sérieusement éprouvés : trois morts et un certain nombre de blessés. J'ai reçu moi-même un petit éclat dans ma capote ; il n'a déchiré que l'étoffe de ce vêtement. Mais la lanterne optique et son support sont réduits en poussière; aussi bien, encore que j'en fasse aussitôt équiper une autre, il ne me sera plus possible de télégraphier : le rayon de ma lanterne ne pourra plus traverser les buées et les nuages de poussière et de fumée qui obscurcissent l'air.

Cependant, je ne perds pas de vue l'exécution des ordres donnés pour alléger la garnison de ses éléments étrangers et, la nuit venue, je fais recommencer le mouvement de sortie.

Pendant qu'il s'exécute, je réunis les officiers à mon poste de commandement pour me renseigner sur la situation des hommes dans chacun des secteurs. Tous mes officiers s'asseoient autour de ma petite table : Bazy blessé, Girard blessé, Albagnac blessé, Fargues les yeux luisants de fièvre. De Roquette, râlant, est resté sur son brancard au poste de secours. Je recueille leurs rapports : ils sont plutôt sombres.

Et tout à coup, dans les profondeurs du fort, je crois percevoir une rumeur... Ce n'est pas une illusion ; la rumeur augmente. J'entends maintenant des pas précipités dans la grande galerie. En hâte j'ouvre ma porte : c'est l'aspirant Buffet qui m'apparaît et me salue !

Tout le monde se lève, tous les visages s'éclaircissent. J'embrasse Buffet de tout mon cœur et je le presse de questions.

— Quelles nouvelles nous rapportez-vous ? Que se passe-t-il à l'arrière ?

Tranquillement, Buffet nous raconte comment il a pu accomplir son double exploit : celui de la veille, la sortie du fort ; celui de maintenant, la rentrée sous les fusils et les mitrailleuses de nos guetteurs. Il a pu, en sortant, échapper au tir de l'ennemi et aux postes boches et parvenir jusqu'au fort de Tavannes. Après qu'il eut fait là un rapport au général de division, il a été dirigé sur Dugny, où se trouvait l'état-major du groupement. Il a vu le général Lebrun, commandant le groupement de la rive droite de la Meuse, et peu après, le général Nivelle, commandant l'armée de Verdun. Il a dit nettement notre situation et insisté sur la nécessité d'un secours immédiat. Ce secours, on le lui a promis. Le général commandant l'armée a bien voulu reconnaître devant lui « l'intérêt mondial » qui s'attache à la conservation du fort de Vaux et, sans dissimuler les difficultés de l'entreprise, il a chargé le général de division commandant le secteur au fort de Tavannes, d'organiser une « opération importante » en vue de dégager le fort.

Le général commandant l'armée désire que je sois au courant autant que possible, des détails de cette opération afin que je puisse la seconder. Il charge Buffet de le dire au général de division et Buffet retourne incontinent au fort de Tavannes.

Là, le général de division fait connaître à mon jeune aspirant les dispositions qu'il a arrêtées : L'opération aura lieu le 6 au matin et sera exécutée par quatre compagnies d'infanterie : deux compagnies prenant pour objectif la face Est du fort, une compagnie la face Sud et la quatrième la face Ouest. Les tirs d'artillerie de la journée du 5 et de la nuit présente sont considérés comme préparation suffisante. L'attaque de gauche sera soutenue par une action de mitrailleuses. Les unités devront être en place à deux heures, et le signal de l'attaque sera donné par une gerbe de fusées vertes. Le fort coopérera autant que possible à l'opération. Mais pour cela, il faut que je sois mis au courant de ce qui se prépare... Qui donc viendra me transmettre tout cela ?

Oubliant sa fatigue, dédaigneux du danger, Buffet s'est offert ; il est parti de Tavannes avec son sergent, qui est, hélas ! resté en chemin, blessé. Lui, Buffet, a pu, en progressant par bonds, arriver au fossé de gorge, il a sauté dans ce fossé, et s'est fait reconnaître des défenseurs du coffre simple qui l'ont hissé par un créneau dans le fort !... Maintenant, il est là, devant nous, il nous annonce la délivrance, il me transmet les paroles des grands chefs, la pensée de la patrie !... Sois à jamais honoré, brave et digne camarade de l'héroïque Tabourot, qui te choisit en mourant pour recueillir son vœu suprême !

Pendant que l'aspirant Buffet me renseigne sur la contre-attaque qui doit avoir lieu demain matin et sur l'importance des effectifs engagés, je vois les visages de mes officiers s'assombrir et je devine ce qui se passe en eux, car je l'ai moi-même éprouvé: l'opération, telle qu'elle est montée, semble *a priori* insuffisamment préparée ; l'unité qui doit l'exécuter, un bataillon, semble aussi trop faible. Je sens la nécessité de ranimer la confiance afin de donner à tous la force de coopérer, avec tous les moyens qui nous restent, à l'entreprise engagée. Je fais donc immédiatement ressortir que l'Etat-Major a des renseignements sur l'ennemi plus complets que ceux que nous pouvons avoir nous-mêmes et que le bataillon engagé, s'il arrive dans de bonnes conditions, peut parfaitement réussir et reprendre, avec notre aide, les dessus du fort. Avec notre aide, et cette aide, il faut la donner sans réserve. N'est-ce pas, d'ailleurs, notre seule chance de salut ?

Et, sur-le-champ, j'arrête avec Alirol les dispositions à prendre. Tout ce qui n'est pas indispensable pour assurer la garde de nos barrages constituera un peloton de sortie qui se tiendra prêt à se jeter dans le fossé de gorge et, de là, sur les dessus de fort. Le lieutenant Alirol en aura le commandement. Mais, en ce moment même, les ordres que j'ai donnés pour la sortie des impedimenta s'exécutent ; quelques hommes sont déjà passés. Je juge dangereuse la continuation de ce mouvement d'avant en arrière, qui peut contrarier le mouvement d'arrière vers l'avant des unités prenant part à la contre-attaque. Celles-ci peuvent s'en trouver influencées d'une manière défavorable ; il n'est pas bon que des soldats marchant à l'attaque rencontrent des gens en retraite. J'interromps donc immédiatement toute sortie du fort.

Jusqu'à minuit, il n'y a entre le fort et ses assaillants qu'un échange de jets de grenades aux brèches, sans résultats de part et d'autre ; mais, à l'extérieur, le tir de l'artillerie française s'intensifie ; c'est évidemment la préparation de l'attaque, et elle nous apporte un grand souffle d'espoir.

Je discerne cependant que le tir de notre artillerie, qui a pour objectif les dessus du fort, est très rasant. J'entends le sifflement caractéristique de l'obus de 75, mais pas un seul éclatement : les obus doivent tous dépasser le fort. Il eût fallu là du demi-lourd à tir plus courbe... Pour ne pas diminuer la confiance de mes hommes, je garde pour moi cette observation, et j'ai la douleur, hélas ! de ne pouvoir la télégraphier par l'optique à nos libérateurs. J'ai déjà dit que mon appareil était impuissant à traverser les buées et les nuages de fumée, et le feu de Souville est invisible...

La nuit s'achève dans la fièvre de l'attente du grand événement qui doit nous délivrer. Dès une heure trente, le peloton de sortie est en position dans l'escalier qui conduit à la porte du fossé de gorge. Des guetteurs placés aux casemates de Bourges de droite et de gauche et aux fenêtres de la grande casemate, doivent m'avertir de tous les mouvements qu'ils apercevront.

A deux heures, notre artillerie allonge son tir.

— Redoublez d'attention, les gars !

Rien ne m'est signalé.

Le jour commence à poindre. De tous

les côtés, nous interrogeons l'horizon: toujours rien.

Vers trois heures, rien encore, ni au sud, ni à droite. Mais, de la casemate de Bourges de gauche, on me signale une petite troupe de la force d'une section, terrée dans les trous d'obus, non loin du fort. Les mitrailleuses boches tirent dessus. Et, presque aussitôt les mêmes guetteurs me signalent que, sous le feu terrible qui la décime, cette petite troupe s'est déséquipée et est emmenée prisonnière par les Allemands.

C'est tout ce que nous avons vu de la contre-attaque du 6 juin.

Pourquoi l'héroïsme de nos libérateurs a échoué ? J'emprunte au beau livre de M. Henry Bordeaux la réponse que je ne saurais faire moi-même, n'ayant eu que les échos de la bataille :

« Les attaques allemandes et les nôtres

se succédèrent, se heurtent, se prévien-
nent, s'annihilent les unes les autres. Aucun des adversaires ne parvient à progresser... La bataille se prolonge dans le fort
enfermé, incendié et affamé où l'énergie
de quelques hommes éternise la résistance. Mais nous ne pouvons reprendre
l'ouvrage extérieur, que garnissent des mitrailleuses. Tout le plateau et ses pentes
sont battus au point que la terre est pareille à de la cendre.

» Dans la matinée du 6 juin, nous avons
pu croire un instant que nous tenions à
nouveau le fort tout entier et que la garnison était délivrée. Une attaque avait été
montée qui devait se déclencher à deux
heures. A quatre heures, un prisonnier allemand, du 27° régiment, est amené tout
effaré, les vêtements en lambeaux, au
poste de commandement de la division.
Interrogé, il déclare s'être échappé du fort

de Vaux lorsque les Français l'ont entouré.

» L'attaque devait aborder le fort par ses trois faces : sur la face droite, ma compagnie du 238ᵉ, sur la gorge une autre compagnie du même régiment et une section du génie sous les ordres du commandant Mathieu ; enfin, sur la face est, deux compagnies du 321ᵉ sous les ordres du commandant Favre. Le signal devait être donné à deux heures du matin par un bouquet de fusées.

» A droite, les deux compagnies du 321ᵉ, vigoureusement entraînées par leur chef, atteignent, en deux vagues, le fossé de contrescarpe où elles furent accueillies par un barrage de grenades et de mitrailleuses. Décimés par le tir de ces mitrailleuses couronnant le parapet d'escarpe, les premiers grenadiers refluent. A leur tour, les deux vagues successivement déferlent.

Mais ceux qui les conduisent sont presque immédiatement et presque tous atteints : le commandant Favre tué d'une balle à la tête, le lieutenant Ray, le sous-lieutenant Rives, grièvement blessés ; le sous-lieutenant Bellot blessé, mais ramené ; le sous-lieutenant Morel tué ; le sous-lieutenant Billaud, tué ; le sous-lieutenant Desfougères, blessé ; le lieutenant Ayme, blessé... Une telle nomenclature, quel éloge ensemble et quel martyrologe d'un corps d'officiers !... Privée de direction, une troupe hésite. Le capitaine adjudant-major prend le commandement du bataillon, reforme les unités engagées, distribue les commandements et se tient prêt à repousser une contre-attaque qui, devant l'attitude de ses hommes, n'ose pas sortir des tranchées. Les coureurs tiennent le régiment et la brigade au courant de la situation. Quels que soient les barrages, ils parcourent ce sol volcanique et les survivants remplacent les blessés et les morts.

» Plus à gauche, l'attaque du 328ᵉ sur la face ouest et la gorge a rencontré les mêmes obstacles. Elle a, quelques instants, encerclé le fort, mais n'a pas pu se maintenir. Un tir de notre artillerie sur la superstructure, pour y démolir les mitrailleuses ennemies, l'a gênée elle-même. Elle a dû elle aussi se rabattre sous les positions de départ... »

J'ai tenu à citer intégralement ces pages de M. Henry Bordeaux, et c'est du fond du cœur que je m'associe à l'hommage qu'il y rend aux glorieuses victimes de cette tentative de délivrance.

Nous l'avons sentie approcher, la délivrance ; un moment, nous avons pu y croire : que soient remerciés et bénis ceux qui purent, en se sacrifiant, nous donner cette lueur d'espoir dans les tortures de notre agonie.

Vers cinq heures, les mitrailleurs de la casemate de Bourges de gauche tirent sur un pionnier boche porteur d'une caisse. L'homme est tué et de la caisse s'échappe une fumée intense : ainsi avorte une nouvelle attaque par les fumées délétères.

Vers six heures, rien de nouveau à l'extérieur du fort. Je me décide à télégraphier par l'optique, le poste de Souville étant redevenu visible, l'insuccès de la contre-attaque du matin, en mentionnant ce que je crois être les causes de cet insuccès : insuffisante préparation de l'artillerie, qui n'a pas touché les dessus du fort et qui a allongé son tir avant l'arrivée de l'infanterie; effectif trop faible des troupes engagées. Les fumées et les poussières gênent toujours la transmission de ce télégramme; j'ignore s'il a été compris.

Je fais une visite à nos postes : l'abattement est sur tous les visages, ma voix n'arrive plus à redresser le soldat qui, il y a quelques heures, avait encore une lueur d'espoir dans les yeux. Les hommes ne répondent plus à mes objurgations, ceux qui me regardent ont l'air hébété. Ils souffrent et j'ai la perception nette qu'ils sont à bout de forces. La fin, l'horrible fin, m'apparaît inéluctable. Ma gorge brûlante se serre d'anxiété. Non, il ne faut pas que ce soit ! Au secours ! au secours ! Il faut le crier à la France! D'un pas qui veut être ferme, je rentre à mon poste.

J'envoie un dernier message au commandement pour lui dire notre situation désespérée, et, aussi, au bout de ma tâche, je lui signale les héros de la défense, tous mes hommes, tous ! et, à leur tête, les lieutenants de Roquette et Girard, du 53ᵉ, Bazy, Albagnac, du 142ᵉ, le lieutenant Alirol, mon bras droit, le valeureux commandant de la compagnie de garnison ; Fargues, Cuas, aspirant Salva, adjudant Brun, du 142ᵉ, lieutenants Denizet et Rabatel, artilleurs, lieutenant Roy et aspirant Bérard, du 2ᵉ génie, caporal Bonnin, du 142ᵉ.

Dans ce message, je dresse le bilan de mes pertes : 7 tués, dont le capitaine Tabourot et le lieutenant Tournery, du 101ᵉ ; 16 blessés, dont 4 officiers et les médecins auxiliaires Conte et Gaillard. Je transcris ici ce tableau d'honneur ; il faut que ces noms, tous ces noms soient connus et restent.

Je termine ma communication en exprimant l'espoir qu'on interviendra de nouveau avant notre complet épuisement. Ce suprême appel est encore entendu. Le commandement prépare une nouvelle offensive qui, bien montée, doit réussir à nous dégager : cette fois, c'est un régiment de zouaves et un régiment d'infanterie coloniale, troupes d'élite, chamarrées de victoires, qui vont venir à notre aide.

Hélas ! nous ne les verrons pas !

Mes questions ne reçoivent de Souville aucune réponse. Je m'explique, du reste, ce silence : les communications par l'optique peuvent être recueillies sur les dessus du fort, et me télégraphier, c'est télégraphier à l'ennemi.

Il n'y a qu'à attendre, il n'y a qu'à tenir jusqu'à la limite, jusqu'à l'extrême limite de nos forces. Elle est tout près, je la touche, mais le fort restera en notre possession jusque-là. Si, espérance obstinée, une intervention peut se produire au dernier instant, elle nous trouvera à notre poste.

Dans cette journée du 6, le boche agit davantage sur nos barrages. Il semble qu'il devine que le drame est à l'intérieur et, en effet, les souffrances de mes hommes, surtout des blessés, augmentent terriblement. La soif, l'horrible soif sévit !

Je suis dans mon poste avec le sous-lieutenant Roy, et mon dévoué ingénieur ne trouve plus de remède dans son esprit si plein de ressources. Des bruits de gémissements nous parviennent. Mêlé à ces gémissements un autre bruit s'accentue : c'est un pas hésitant, un frôlement de mains sur la muraille.

Tout à coup la porte s'ouvre. Oh ! l'effrayante apparition ! Un blessé est là, son torse nu bandé de linges sanglants. Il s'appuie d'une main au chambranle de la porte. Il avance une jambe et met son genou à terre. Il tend vers moi son autre main dans un geste suppliant et, d'une voix éteinte.

— Mon commandant ! A boire !

Je vais à lui, je le relève :

— Je n'ai pas d'eau, mon brave ! Fais comme moi, espère ! On va venir à notre secours !

Tout gémissant, mon blessé regagne l'infirmerie en se traînant. Je regarde Roy : il a comme moi les yeux brouillés...

A huit heures et demie du soir, le quartier-général de l'armée me fait transmettre ce télégramme du généralissime :

« Le général commandant en chef adresse au commandant du fort de Vaux, au commandant de la garnison ainsi qu'à leurs troupes, l'expression de sa satisfaction pour leur magnifique défense contre les assauts répétés de l'ennemi. — JOF-FRE. »

La joie me sera refusée de communiquer ce message à mes hommes : il ne m'est pas parvenu.

A neuf heures du soir, un nouveau message m'est envoyé ; il m'est personnel, celui-là, il m'annonce que je suis fait commandeur de la Légion d'honneur... Il ne me parvient pas davantage.

C'est la fin. A moins d'un miracle, cette nuit sera la dernière de notre résistance ; mes hommes qui ne boivent plus, ne mangent plus, ne dorment plus, ne tiennent debout que par un prodige de volonté.

Je réunis les officiers dans mon poste. Tous ces braves sont désespérés. Ils ne voient de salut pour nos hommes, qu'il faut conserver à la patrie, que dans une prompte reddition. Mais tout à coup, le canon au dehors recommence à gronder et son grondement s'amplifie en tempête. C'est le canon français. Le fort n'est pas battu, mais ses environs sont violemment bombardés. La flamme de l'espoir se rallume :

— Écoutez, camarades ! C'est l'artillerie française ! Jamais son tir n'a été plus puissant ! C'est une préparation d'attaque, allez tous à vos postes. Demain matin, si la délivrance n'est pas venue, je vous promets de me soumettre à la cruelle nécessité.

Réchauffés par mes paroles, mes officiers retournent à leurs postes.

Le tir de notre artillerie a cessé brusquement vers vingt-trois heures et la nuit s'achève dans un calme absolu, plus effrayant encore pour moi que la tempête des batailles. Aucun bruit, aucun indice de mouvement. Je songe à l'engagement que j'ai pris.

Ai-je le droit de prolonger la résistance au delà des forces humaines et de compromettre inutilement la vie de ces braves qui ont fait si héroïquement leur devoir ?

Je vais faire une tournée dans les couloirs ; ce que je vois est affreux. Des hommes sont pris de vomissements causés par l'ingestion d'urine, car ces malheureux en sont arrivés là, à boire leur urine ! D'autres s'évanouissent. Dans la grande galerie, un homme lèche un petit sillon humide sur le mur...

L'effort que j'ai demandé à mes camarades et qui doit nous maintenir jusqu'au matin ne peut être que le dernier... La France me jugera !

7 juin ! Le jour se lève et c'est à peine si nous pouvons nous en rendre compte : pour nous, c'est encore la nuit, une nuit où tout espoir s'est éteint. Le secours extérieur, s'il vient, arrivera trop tard !

J'envoie le dernier message, le suprême salut du fort et de ses défenseurs à la patrie.

Je retourne à mes hommes :

— C'est fini, mes amis ! Vous avez fait votre devoir, tout votre devoir : merci !

Ils ont compris, et c'est ensemble, d'un même cri, que nous répétons le salut que mon appareil vient de transmettre :

— Vive la France !

Dans les minutes qui suivent, un silence de mort s'étend sur le fort.

Le sacrifice est consommé !

CHAPITRE VI

GLORIA VICTORIBUS

C'est pour vous, camarades, que j'écris ici ces deux mots, c'est sur vos têtes que je dépose cette couronne de lauriers : Gloire aux vainqueurs ! Nul comme moi ne sait ce que fut votre effort, ce que vous avez dépensé là d'héroïsme et subi de tortures : j'ai essayé de le dire, la postérité fera le reste... En attendant, je proclame à la face du monde que le vainqueur à Vaux, ce ne fut ni le Boche, qui ne put vous abattre, ni même la faim et la soif que vous avez stoïquement supportées. Le vainqueur, c'est vous !

Maintenant, nous quittons le fort, les

heures de captivité commencent. J'ai auprès de moi mon brave Alirol. Nous sortons les derniers, après avoir procédé à l'évacuation de nos chers blessés, la plupart incapables de marcher. Je suis aussi épuisé qu'eux. Je n'en peux plus, je trébuche à chaque pas, et je dois avoir une tête de brigand : je n'ai pas été rasé depuis huit jours... Mais voici les généraux boches. Ils sont en grande tenue, soignés, sanglés, décorés, chamarrés...

Je redresse ma pauvre carcasse, et je les regarde dans les yeux. Le général de division me tend un papier et m'invite à lire : c'est le message par lequel notre généralissime m'annonçait hier soir que j'étais fait commandeur de la Légion d'honneur; ce message qui ne m'est pas parvenu, les Boches l'ont saisi.

Je lis sans broncher ; ce que j'éprouve ne regarde pas l'ennemi.

Le général parle ; il me complimente sur notre résistance, et prononça le mot de vaincus... Je relève aussitôt :

— Pardon ! nous n'avons pas été vaincus ; nous avons succombé à l'épuisement et à la soif...

Un civil, que je n'avais, tout d'abord, pas remarqué, semble suspendu à mes lèvres, et il prend des notes tandis que je parle. C'est sans doute un reporter : j'ai retrouvé plus tard dans les journaux boches le récit assez fidèle de cette scène.

Le général me demande pour finir :

— Avez-vous un désir à exprimer ?

— Faites-moi donner à boire !

Mon désir est exaucé, je bois enfin, je bois de l'eau fraîche et pure ! Le paradis après l'enfer...

En route pour le quartier général de von Deimling, qui commande l'armée.

— Herr mayor...

Herr mayor, monsieur le commandant : c'est un officier boche qui m'interpelle. Il a porté la main à son casque et ses talons se sont rejoints en faisant sonner leurs éperons d'argent. Il s'applique à être courtois, en paroles du moins, et jusqu'au bout de ma captivité, je constaterai chez tous les officiers boches cette même courtoisie verbale, purement verbale, où se traduit le besoin de faire croire qu'un cœur de soldat bat sous la capote du reître.

— Herr mayor, est-ce à vous, ça ?

Ça, c'est Quiqui.

Quiqui n'est pas mort, il a tenu, lui aussi, il est là entre son maître et moi.

Un instant j'hésite, mais mon regard rencontre celui du sapeur, du père nourricier qui a deviné ce qui attend Quiqui, si je me désintéresse de son chien, et je réponds :

— Oui, il est à moi...

Oui, je l'adopte, cet autre héros qui a souffert comme nous, partagé nos supplices, et j'attends la décision du Boche. Elle est ce que je désire, ce qu'a deviné le sapeur : Quiqui peut me suivre, il ne lui sera fait aucun mal !

Nous dévalons ensemble la pente sous le bombardement français. Après avoir survécu aux atrocités du siège, allons-nous finir maintenant sous les coups de nos frères ? Non, il est écrit que nous devons vivre.

Nous arrivons au bas de la pente ; ici, le terrain est marécageux, il y a des trous pleins d'eau... Quiqui se précipite et il boit ! Il boit ! Il boit ! Il se grise de fraîcheur, puis me revient tout frétillant et je lis dans ses yeux ce qu'ils veulent me dire:

— Ça va mieux !

Nous marchons ; nous allons de poste en poste de commandement. Quiqui est toujours sur mes talons, Quiqui me suit comme mon ombre. A-t-il compris que j'étais le chef ? S'est-il rendu compte du mensonge que j'ai dû faire pour le sauver? Quand je lui pose la question, ses yeux ont quelque chose d'humain qui me dépasse, et il joue son rôle dans le mensonge avec une conscience impressionnante.

Il ne me quitte pas une seconde ; si je monte en voiture, il y monte avec moi, sans attendre que je l'y invite.

Le général von Deimling vient au-devant de moi. Je le rencontre au milieu des bois, dans une clairière, et la scène se reproduit qu'a notée le reporter au sortir du fort. Cette fois, c'est un photographe qui opère. Il prend un instantané.

Le général m'informe que le kronprinz veut me voir et que l'on va me conduire à Stenay... A ce moment, on me sépare de mon cher Alirol. Je l'embrasse avec une émotion que je ne peux dissimuler aux Boches et je reste seul avec mon ordonnance Drexler et Quiqui...

A Stenay, où j'arrive avant la nuit, je suis interné dans une maison où logent des officiers de l'état-major du kronprinz, notamment le capitaine-aviateur Sibringhaus, qui est chargé de mettre l'Altesse à l'abri des bombardements aériens. Sibringhaus, parle admirablement le français ; il a longtemps habité Paris. Il vient à moi et entreprend de me démontrer que c'est nous qui avons provoqué l'Allemagne ; il me remet, à l'appui de ses dires, une brochure de propagande... Je commence par lui rire au nez, puis, **en quelques mots**, je lui mets ledit nez dans le mensonge boche :

— Voyons, capitaine ! A qui croyez-vous faire admettre que, s'il avait voulu la paix, votre tout-puissant kaiser n'aurait pas d'abord trouvé le moyen de calmer l'Autriche ?

Sibringhaus n'insiste pas.

La brave femme qui garde la maison m'entoure de soins maternels. Prévenues par elle de mon passage, les religieuses de Stenay m'envoient un peu de linge et un bonnet de police... Braves sœurs françaises, veuillez trouver ici l'expression de ma reconnaissance.

Au matin, Sibringhaus me conduit au kronprinz qui veut me voir. Quiqui m'accompagne jusqu'à la porte du bureau où m'attend l'héritier du kaiser, et s'il n'entre pas avec moi, c'est qu'on ne le lui permet pas.

Le kronprinz est debout, il m'accueille avec une courtoisie très franche. Il n'est pas laid; ce n'est pas le singe qu'ont fait de lui les crayons qui l'ont caricaturé ; c'est un cavalier mince et souple, élégant et non sans grâce, qui n'a rien de la raideur boche.

Les journaux français ont raconté notre entrevue, mais leur récit n'est pas absolument conforme à la vérité, et, dans les premières pages de ce journal, à propos de ma canne de blessé, j'ai promis de remettre les choses au point.

M'y voici.

Le kronprinz parle, il s'exprime avec facilité, dans un français assez pur.

Il reconnaît et vante comme il sied la ténacité de nos hommes, leur admirable vaillance. Admirable, il répète plusieurs fois le mot, et ce sera celui dont se serviront après lui les journaux boches et tous les organes de la propagande pangermaniste : il faut mettre le Français sur un piédestal pour hausser d'autant celui de l'Allemand. Tout se tient dans l'organisation allemande, tout y est fixé d'avance, jusqu'au ton sur lequel doivent siffler les reptiles à la solde de la Wilhelmstrasse, Admirable ! Admirable ! C'est le *la* de l'air que vont chanter les trompettes de la Renommée boche...

Son couplet fini, le kronprinz me remet la copie du message par lequel notre général en chef, notre illustre Joffre, envoyait ses félicitations au fort de Vaux. Le message, on le sait, ne m'est pas parvenu : il a été celui-là aussi, volé, par le service boche...

Maintenant l'héritier du kaiser arrive au geste noble :

— Désireux d'honorer votre vaillance, mon commandant, j'ai fait rechercher votre épée que je me dois de vous rendre ; malheureusement, on n'a pu la retrouver...

— Et pour cause, suis-je tenté de glisser : je n'ai eu pour toute arme person-

nelle que ma canne de blessé et mon revolver.

Mais je me tais. Je n'éprouve pas le besoin de répondre et je reste figé dans la
seule attitude qui convienne à la situation : tranquille et froid, j'attends.

Il poursuit, en me présentant le coupe-
choux d'un sapeur du génie :

— Je n'ai pu me procurer que cette
arme... cette arme modeste d'un simple
soldat, et je vous prie de l'accepter...

Mon premier mouvement est de me hé-
risser ; mais le kronprinz ne se moque pas
de moi, c'est très sérieusement qu'il ac-
complit son geste, et comme l'effet ne lui
en échappe pas, il insiste sur l'intention
qui donne à ce geste sa véritable portée.

— L'arme est modeste mais glorieuse,
mon commandant, et j'y vois, comme
dans l'épée la plus fière, le symbole de la
valeur française...

Je ne peux plus refuser :

— Ainsi présentée, j'accepte cette arme et remercie Votre Altesse de l'hommage qu'elle rend à la grandeur de mes humbles camarades.

C'est tout. Je salue militairement et m'en vais, en emportant mon coupe-choux.

A la porte, je retrouve Quiqui qui m'attend, et nous retournons ensemble, sous la conduite de nos gardes, à notre campement de prisonniers.

Nous n'avons pas fait cent mètres que Sibringhaus me retombe dessus et, la main au casque, les talons bruyamment rapprochés :

— Herr mayor, Son Altesse Impériale vous prie de revenir...

Je le suis de nouveau, je regagne le quartier général du kronprinz.

Comme je pénètre dans le bureau par une porte, il sort d'une autre pièce et vient à moi tout épanoui : il tient une épée à deux mains, un sabre-épée d'officier français.

— J'ai trouvé, mon commandant. Je vous prie d'accepter cette arme plus digne de vous, en échange de celle que je vous ai offerte, à défaut d'une autre...

J'accepte l'échange, je salue et m'en retourne.

C'est tout.

Dormez en paix, camarades ! Votre chef se fût tranché la langue plutôt que de prononcer un mot qui eût semblé incliner devant l'héritier de l'Empire la fierté de votre sacrifice. *Gloria victoribus !*

CHAPITRE VII

CAPTIVITÉ

J'en ai bien fini avec ces pénibles cor-
vées. Aussi bien, on me laisse à peine le
temps de prendre un léger repas, pendant
lequel j'écris à ma femme, pour la rassurer, quelques lignes que Sibringhaus me
promet de faire parvenir sans retard —
et je suis conduit à Montmédy où l'on
m'embarque pour Mayence... Laissez-moi
dire en passant que ma femme n'a jamais
reçu la lettre confiée à Sibringhaus : le
paratonnerre du kronprinz aura eu trop à
faire avec son impérial protégé...

J'ai avec moi mon fidèle Quiqui et son

père nourricier, le sapeur Traxler qui n'a pas cessé de m'accompagner.

Comme compagnon de route — lisez gardien — on m'a donné un officier en grande tenue, un capitaine du régiment de hussards placé sous le commandement honoraire du maréchal von Haeseler, ancien commandant de la région de Metz.

A Sarrebruck, premier et long arrêt. Je constate que Quiqui a des impatiences — quelque petit besoin à satisfaire : Quiqui n'a pas cessé d'être l'enfant bien élevé dont son père nourricier m'avait garanti la parfaite éducation ; il est incapable de s'oublier dans le wagon, il veut sortir... Je dis à Traxler de descendre Quiqui sur le quai ; le capitaine m'entend et se précipite : il se charge lui-même de la délicate commission, c'est lui qui va descendre Quiqui sur le quai — et, pendant dix minutes, j'ai sous les yeux ce tableau désopilant: Quiqui cherchant un coin à sa convenance, tirant sur sa laisse et forçant à le suivre le brillant capitaine des hussards de von Haeseler !

Nous repartons. Mon voyage s'effectue sans autre incident ; je n'ai à signaler que le sentiment de colère éprouvé à la vue de la kolossale Germania qui dresse sa lourde masse sur la rive du Rhin. Le sol où s'élève le monument de l'orgueil boche a été français : est-ce qu'il ne va pas le redevenir ? Est-ce que tout le sang versé pour arracher ce sol au monstre germain aura coulé inutilement ?

Le soir est venu quand je débarque à la gare de Mayence. Il y a foule, et cette foule me garde : elle sait qui je suis, la propagande boche a déjà fait sa besogne. D'ailleurs, aucune manifestation ; je ne lis dans les yeux que de la surprise, et cette surprise vient de ce qu'on m'a laissé armé : j'ai le sabre que m'a offert le kronprinz.

A Stenay, l'officier boche qui m'a annoncé que j'allais être interné à Mayence, m'a fait entendre ceci :

— Herr major, nous vous avons donné Mayence, parce que Mayence est notre Nice à nous !

Leur Nice à eux... Ne comparons pas. Ils ont trouvé cela pour se donner l'air de me traiter avec les honneurs de la guerre et même quelque chose plus. C'est le geste du kronprinz qui se prolonge, et tout cela répond évidemment à un mot d'ordre ; il n'y a qu'à lire les journnaux boches pour s'en rendre compte : j'y suis sacré grand capitaine et couronné de lauriers, et en même temps que je suis porté aux nues, Vaux devient un fort prodigieux, un fort kolossal — avec un k — dont la prise était au-dessus des forces humaines...

Des forces humaines, mais pas des forces allemandes ! Vous voyez d'ici la conclusion du dithyrambe, vous touchez du doigt le but assigné aux reptiles : tout ce qu'ils disent de moi et du fort de Vaux n'est là que pour saouler d'orgueil les masses boches et grandir le soldat allemand et ses chefs devant les neutres.

Je ne vous parlerai pas de Mayence : je ne connais de cette ville que son histoire — que vous connaissez comme moi — et sa citadelle, que je vous souhaite de ne jamais connaître comme je l'ai connue.

C'est à la citadelle que je suis conduit par deux officiers de camp qui sont venus me prendre à la descente du train et ne me lâcheront que mis sous clé, dans une chambre qui sera ma cellule. C'est proprement la mise au secret, et elle va durer deux jours. La mesure, essentiellement boche, s'applique à tous les officiers, et dure souvent plus longtemps. Mes camarades ont baptisé les locaux qui y sont affectés le « saloir » : après les y avoir laissés macérer, dans un dénuement absolu, le Boche conduit les prisonniers au bureau du lieutenant Schmidt, officier informateur qui essaie de leur tirer les vers du nez.

Mes deux jours de saloir accomplis, le lieutenant Schmidt me fait l'honneur de se déranger pour moi : il vient me voir au secret, et je dois dire qu'il m'épargne l'injure des questions insidieuses : il se borne à me mettre au courant des règlements de la citadelle.

Peu après, je reçois une autre visite, celle du capitaine von Tecklembourg, qui commande le bâtiment dans lequel j'ai ma chambre : lui aussi me donne connaissance des règlements et, chose inattendue, encore que la courtoisie verbale des officiers boche m'en ait servi d'autres, il m'assure de toute sa sollicitude !

Le lendemain, on me conduit à la douche... Quand je me rhabille, je m'aperçois que mes poches sont vides : j'ai été cambriolé. Je réclame : on m'invite à m'adresser à von Tecklemburg, c'est lui que la chose regarde... Ah ! oui, elle le regarde, la chose ; c'est lui qui l'a commandée, et la voilà bien cette sollicitude dont il a tenu à m'assurer ! Je proteste assez vertement, et il me promet une réponse prochaine ; il me la fait attendre trois jours, c'est seulement au bout de trois jours qu'il me rend mon stylo et quelques autres objets qui m'ont été soustraits, et il a bien soin de m'affirmer qu'il me fait là une insigne faveur ! La mentalité boche a des profondeurs insondables.

A propos de cette mentalité, voici quelques observations que j'ai notées ici, à

Mayence ; elles ont trait aux divers types d'officiers boches.

C'est d'abord le hobereau prussien, un embusqué, poli, se piquant d'éducation, mais brutal et crevant d'orgueil, convaincu que l'Allemagne ne peut être battue.

Vient ensuite l'officier combattant : il ne fait ici qu'un court séjour, à la suite d'une blessure ou d'une maladie. Celui-là a appris sur le champ de bataille à respecter le Français. Il est le plus souvent sans morgue et manque d'assurance en parlant du dénouement de la guerre : le doute lui vient.

En troisième rang, l'officier de réserve, sorti des professions libérales, avocat, ou professeur, le Boche intelligent, discutailleur, fourbe et cauteleux, une vipère... Le même, venu du commerce ou de l'industrie, affecte de déplorer la guerre : il commence à être inquiet sur l'issue de l'aventure. Les beaux jours de 1914 sont déjà loin, les jours de la guerre *fraîche et joyeuse* qui devait, en quelques mois, nous exterminer !

Où tous ces officiers sont encore d'accord, c'est sur la façon de traiter le prisonnier : tous nos geôliers nous appliquent avec la même rigueur un règlement draconien dont les sévérités semblent plutôt faites pour des bandits souverainement dangereux que pour des officiers prisonniers de guerre.

Aujourd'hui, rentré en France, je lis dans les journaux les plaintes et les cris de colère et de haine de nos soldats qui reviennent de captivité : laissez-moi vous assurer que les officiers n'ont pas été moins durement traités que les soldats : eux aussi ont connu les iniquités, les brimades, les insolences, les vols de colis, les campagnes de calomnies contre les Alliés, les fausses nouvelles déprimantes, les provocations voulues par où s'ouvre le chemin du conseil de guerre. Eux aussi ont tourné en rond dans une cour de fils barbelés, sous la surveillance de sentinelles prêtes à faire usage de leurs armes...

Eux aussi ont été atteints de ce mal nouveau et terrible qui torture les nerfs et le cerveau : la psychose des fils de fer...

Que je rappelle, à propos des vols de colis, un souvenir où vous retrouverez bien la hideur boche !

Un de nos camarades, capitaine français, recevant un colis, s'aperçut que ce dernier avait été ouvert et pillé, et il le fit remarquer aux soldats boches qui ont effectué la livraison. Un capitaine allemand s'approcha ; notre ami renouvela devant lui son accusation...

Le capitaine l'écoutait sans rien dire, et

son silence semblait si bien approuver le plaignant que notre camarade s'y trompa et administra, en paroles, aux auteurs du vol, la volée de bois vert qu'ils méritaient.

Le capitaine restait toujours impassible; il se contentait de jeter rapidement et à mi-voix quelques mots aux gardes boches qui étaient présents à la scène.

Or, ces mots étaient les suivants : « Notez bien ce que cet homme vient de dire et souvenez-vous-en... »

A chaque dureté de notre camarade, la recommandation revenait, et le plaignant qui n'entendait pas un mot d'allemand et se croyait toujours approuvé, poursuivait son réquisitoire, disait tout ce qu'il avait sur le cœur et en arrivait aux violences...

Le lendemain, il était cité en conseil de guerre pour outrages publics à un officier, et les gardes venaient répéter devant le juge d'instruction tous les gros mots qui lui étaient échappés la veille : le capitaine, en leur jetant : Souvenez-vous ! préparait leur témoignage ; le vol du colis était archi-démontré, le boche avait aussitôt trouvé la leçon à donner à ce plaignant qui avait le tort d'avoir raison : « Cause toujours, lâche tout ce que tu voudras de gros mots, tu les paieras ! »

Notre malheureux camarade paya, en effet ; il fut condamné à plusieurs mois de cellule pour avoir outragé le capitaine boche : inutile de dire qu'il ne fut pas question du colis volé ; l'outrage avait effacé le vol.

Dans d'autres cas, les choses se passaient plus simplement : la plainte du volé donnait lieu à un semblant d'enquête qui en démontrait presque toujours l'inanité, et le plaignant était condamné pour dénonciation calomnieuse. Ah! la justice boche! Imaginez Cartouche à la présidence d'un tribunal, avec Mandrin comme assesseur.

Mes compagnons de captivité sont pour beaucoup des officiers anglais. Ils subissent, sans se plaindre jamais, le régime de fer auquel nous sommes soumis : ce n'est pas eux, les bons dogues britanniques, qui donneront à nos geôliers la joie de voir défaillir leurs prisonniers. Très calmes, très maîtres d'eux-mêmes, ils opposent au Boche un dédain glacial qui le déconcerte et l'humilie : c'est le commencement de la revanche.

Nous occupons les chambres des trois casernes édifiées dans la cour de la citadelle. Un quatrième bâtiment, le plus confortable, est occupé par la kommandantur.

Je loge avec le commandant Mercier, dans une pièce humide et froide du rez-de-chaussée du bâtiment II. Nous avons un compagnon de tous les instants, un ami fidèle que vous connaissez bien : Quiqui,

Les autorités, je dois le reconnaître, se sont montrées indulgentes à l'endroit du bon chien ; elles épargnent la bête, quitte à se rattraper sur les hommes.

Mon brave Quiqui est entré de plain-pied dans l'affection de tous les captifs, les officiers anglais le gâtent, le corrompent. On l'appelle dans toutes les chambres, on le bourre de friandises, de gâteaux ; il est là quand on ouvre les colis, et c'est lui qui est servi le premier.

Dans la cour, on joue avec lui, on s'amuse de ses talents de société et l'on regarde du coin de l'œil la tête du geôlier boche.

N'allez pas croire que toutes ces gâteries font oublier son maître à mon bon Quiqui : son cœur me reste tout entier. Dès que je parais et du plus loin qu'il m'aperçoit, il plante là ses nouveaux amis, il vient à moi en sautant de joie, il me prodigue ses caresses, comme pour me faire entendre :

— Tu sais, les autres sont gentils pour moi, mais c'est toi que j'aime !

Ne croyez pas davantage qu'il s'accommode de cette captivité, encore que tout le monde s'applique à lui en adoucir les rigueurs. Quand, appuyé contre le grillage qui entoure la citadelle, il m'arrive, en regardant la campagne, de me laisser entraîner aux pensées mélancoliques, Quiqui vient se ranger tout près de moi : une patte levée, ses belles oreilles d'épagneul à demi dressées, et tout son corps figé dans une attitude grave et pour ainsi dire réfléchie, il suit mon regard, il semble comme moi interroger l'horizon, et il a de petits aboiements étouffés qui sont de véritables soupirs. Quiqui pense aux belles galopades qui lui sont maintenant interdites, Quiqui proteste contre cette bar-

rière que nous ne pouvons franchir, Quiqui aspire à la liberté ! A certains moments, je me demande si le chien n'a pas
une âme, quelque chose de celle de son
maître. D'autres ont déjà fait cette observation qu'à force de chercher la pensée de
son maître dans les yeux de ce dernier, le
chien finit par avoir le même regard que
lui...

J'ai dit que les autorités avaient fait
preuve d'indulgence pour Quiqui : au début, pourtant, il me valut quelques petites difficultés.

Appelé devant un officier de la citadelle, un capitaine, je m'entendis adresser
cette observation :

— Herr major, vous tenez beaucoup à
votre chien et nous ne songeons pas à
vous en priver; mais c'est pour vous, pour
vous seul, que nous avons voulu vous le
laisser...

Pour vous seul... J'avais compris : devenu l'amusement, la joie des prisonniers anglais, Quiqui portait ombrage aux autorités qui entendaient qu'aucun adoucissement ne fût apporté au sort de nos alliés.

Aussi bien le gros bonnet précisait :

— Je vous demande de tenir la main à ce que votre chien reste auprès de vous.

Je répondis que j'y veillerais autant que je le pourrais, mais sans m'engager à réussir : aujourd'hui, le pli était pris, les prisonniers anglais étaient très bons pour Quiqui, et Quiqui n'était pas un ingrat.

Le Boche n'insista pas ; c'était sur autre chose qu'il voulait me tâter, et la question de Quiqui ne devait être qu'un prétexte.

Brusquement, il attaqua :

— Puisque nous sommes là, en tête à tête, herr mayor, que pensez-vous de la

guerre et comment la voyez-vous se ter-
miner ?

— Je pense, monsieur le capitaine, que
vous avez eu tort d'engager cette guerre et
qu'elle se terminera contre vous...

Le Boche, un de ces hobereaux pour qui
l'invincibilité de l'Allemagne est un
dogme, eut un haut-le-corps indigné :

— Vous voulez rire, herr major !

— Je n'en ai nullement envie, monsieur
le capitaine ! Je reconnais que votre puissance est formidable et qu'elle semble
vous permettre de tout espérer...

— Elle ne semble pas, elle permet réel-
lement, elle garantit...

— Soit ! mais écoutez bien ceci : Vous
avez, au début de la guerre, commis une
faute dont les conséquences vous écrase-
ront ; c'est au monde entier que vous
l'avez déclarée, cette guerre...

— Nous !... nous avons...

— Oui, monsieur le capitaine ! Le jour où par l'organe de tous vos journaux, par vos messages de propagande, vous avez jeté votre cri de « Deutschland über alles », l'Allemagne au-dessus de tout, c'est au monde entier que vous avez porté un défi, c'est l'univers que vous avez provoqué à se lever contre vous, et pas n'est besoin d'être prophète pour vous prédire qu'il se lèvera ; je peux d'ores et déjà vous nommer la nation qui prendra la tête de ce mouvement, j'allais dire de cette croisade...

— Et cette nation ?

— Les Etats-Unis d'Amérique, monsieur le capitaine !

Et comme il répondait à cela par un ricanement :

— Nous en reparlerons, si vous le voulez bien...

Il eut un dédaigneux haussement d'épaules :

— Tant que vous voudrez ! Même si elle entrait dans la danse, ce dont je doute, l'Amérique ne serait pas un danger pour nous : elle n'a pas d'armée, et si elle arrivait à en mettre une sur pied, et à l'envoyer en Europe, nos sous-marins suffiraient à l'anéantir avant qu'elle ait touché vos rivages...

— Nous en reparlerons, répétai-je.

Je n'ai pas pu en reparler : l'heure venue, je n'étais plus à Mayence.

Je laissai mon homme quelque peu estomaqué, et pendant toute une semaine, l'attitude de ses sous-ordres me fit sentir qu'il me gardait une dent.

La chose me fut d'ailleurs confirmée par l'officier d'appel chargé de s'assurer de notre présence dans nos chambres.

D'ordinaire, celui-là s'acquittait de sa

fonction avec une rigidité que rien ne faisait fléchir : suivi de deux gardes qui lui emboîtaient le pas, baïonnette au canon, il se faisait ouvrir nos portes, constatait que nous ne nous étions pas envolés, et s'en retournait, solennel et roide, avec la conscience d'avoir sauvé l'Allemagne.

Un soir, je constatai, en lui ouvrant ma porte, qu'il s'était départi de sa sévérité ; il était seul, il avait laissé ses deux gardes à l'autre bout du couloir, et il souriait à mon brave Quiqui, mon chien fidèle, qui m'avait signalé, comme toujours, l'arrivée du Boche par des grognements furieux et continuait de lui témoigner son animosité en aboyant et montrant les dents...

Je devinai que mon homme voulait me parler, et je fis taire Quiqui ; je ne me trompais pas...

L'officier, un capitaine, commença par

me faire un salut bizarre, mystérieusement compliqué ; il avait réglementairement rapproché ses talons l'un de l'autre en faisant sonner ses éperons, mais sa main, en montant au casque, m'avait semblé décrire une figure géométrique...

Comme, plutôt effaré, je ne répondais pas à son salut, il le renouvela et l'expliqua :

— Herr mayor, je vous salue comme frère...

Frère ! J'allais protester, m'inscrire en faux contre ce titre... Je n'en fis rien : tout à coup, une lumière m'éclaira : j'avais devant moi un franc-maçon à qui un faux renseignement avait fait croire que je l'étais moi-même.

Il parla encore :

— Comme frère, je vous dois de vous prévenir que vous avez fait de la peine au capitaine von T., en le menaçant de l'Amérique ; mais je tiens aussi à vous rassurer : je suis là pour vous couvrir et je me charge d'effacer l'impression fâcheuse...

Je l'arrêtai : il me répugnait d'être défendu par un Boche et surtout de profiter du mensonge qui lui faisait voir en moi un maçon comme lui :

— Pardon ! on vous a trompé : je ne suis pas le frère que vous croyez...,

Il s'agita :

— Ach !... Vous n'êtes pas...

— Non, je ne suis pas...

Il se mordit les lèvres, fit demi-tour et s'en alla en grognant, ne parvenant pas à comprendre que je me fusse, en le détrompant, privé de ses bons offices...

Herr capitaine, nous sommes ainsi en France : vous cultivez le mensonge, il nous fait horreur, à nous.

Et Dieu sait pourtant si les pauvres rescapés de Vaux avaient besoin d'être soutenus et aidés, physiquement et moralement.

J'arrive à la souffrance la plus cruelle que m'ait léguée notre semaine infernale : l'impossibilité de retrouver le sommeil. Pendant des semaines, que dis-je ? pendant des mois, je n'ai pas dormi paisiblement une heure. Les visions me poursuivaient que j'avais emportées de notre enfer ; elles passaient et repassaient sans cesse devant mes yeux, et mes oreilles étaient pleines des grondements de la tempête... Je n'ai été complètement débarrassé de ce cauchemar qu'au bout de deux ans, après mon internement en Suisse ; je n'ai, d'ailleurs, jamais cessé de voir mon fort de Vaux, comme je le vis pour la dernière fois, en le quittant : J'étais sur la route de Montmédy ; tous les dix pas, je me retournais pour regarder une fois

encore ce qui fut mon champ de bataille :
une protubérance rouge, sur les côtes de
Meuse, dans un nuage de poussière et de
fumée. La canonnade faisait rage, notre
artillerie nous vengeait. « C'est le trommelfeuer » me dit le capitaine de hussards dont j'ai déjà parlé. J'entendais
cette expression pour la première fois ; elle
peut se traduire par « le feu en roulement
de tambour ». Et les Boches l'appliquent
au tir de notre artillerie. Le même officier
me raconta que, la veille, ils avaient subi
un feu pareil et que le lieutenant Radko,
décoré de l'ordre « Pour le Mérite » pour
être monté le premier sur le fort de Vaux,
avait été, du côté de Damloup, une des
victimes de ce trommelfeuer. Mais le capitaine de hussards était encore tout frémissant en me parlant du canon français
et de ses effets. Aussi bien, il s'en conso-
lait aussitôt en me racontant la bataille

navale du Skager-Rach et me la donnant
pour une grande victoire de la flotte allemande sur la flotte anglaise... Je n'en crus
pas un mot et bien m'en prit. J'ai su depuis ce qu'avait été cette bataille du Jut-
land, où la flotte allemande fut, en réa-
lité, battue et bien battue... Mon hussard
le savait-il lui-même ? J'incline à penser
qu'il était sincère ; il n'avait, en vérité,
rien d'un Machiavel : je vous l'ai montré
conduisant Quiqui à ses petits besoins...

CHAPITRE VIII

LA « BLOKADE »

J'ai dit plus haut l'abominable régime de suspicion qui nous était imposé, cela en violation des stipulations de la convention de La Haye ; j'ai montré la cour de la citadelle, entourée d'une double barrière de fils de fer barbelés et surveillée par des sentinelles, baïonnette au canon. Cette cour était la seule promenade qui nous fût permise à des heures déterminées.

Passons à la nourriture, au régime alimentaire qu'il nous fallut subir : il était à base de bouillon de rutabagas et se complétait par 200 grammes de viande par semaine et quelques purées de lentilles.

Avant mon arrivée, on pouvait encore se procurer quelques petits suppléments à la cantine ; en 1916, cela devint impossible ; les approvisionnements étaient épuisés et le blocus se resserrant de plus en plus, l'Allemagne était obligée de vivre sur son propre fonds. Ah ! ce blocus ! Il fallait voir les colères qu'il soulevait ! A toutes nos réclamations, la réponse était la même : « C'est la blokade ! C'est la faute à vos amis les Anglais ! » La blokade, le mot est une création boche ; blocus n'était pas assez expressif. Et nos geôliers nous poussaient à protester dans nos lettres à nos familles contre l'inhumaine blokade dont nous étions, par ricochet, les victimes ; mais l'éloquence qu'ils y dépensaient ne recueillait que des rires et personne ne protestait, nous aurions plutôt demandé une aggravation des rigueurs de la blokade ; en revanche, nous insistions auprès des nôtres pour que nous fussent régulièrement envoyés des colis de vivres, colis sans lesquels beaucoup d'entre nous seraient morts d'épuisement. Nos familles ne se faisaient pas tirer l'oreille ; les comités de secours aux prisonniers de guerre nous venaient également en aide, et tout cela nous permettait, non seulement d'améliorer notre menu, mais encore de secourir ceux de nos camarades qui étaient originaires des pays envahis ou n'avaient personne qui s'occupât d'eux.

Notez que, pendant longtemps, tous les officiers français faits prisonniers sur notre front furent envoyés à Mayence pour y être interrogés par Schmidt, l'homme du « saloir » ; leurs familles ignoraient, bien entendu, ce qu'ils étaient devenus, et c'était à nous qu'incombait la tâche de les ravitailler...

La nourriture du corps n'était pas seule à nous précoccuper ; nous songions aussi à celle de l'esprit. Quand j'arrivai à la citadelle de Mayence, la bibliothèque n'existait, à proprement parler, que de nom, les ouvrages y brillaient par leur absence. Je lançai un appel auquel toute la France répondit en nous envoyant des ballots de livres... Que nos généreux donateurs en soient ici remerciés et bénis ! — Je dois mentionner l'existence de la petite bibliothèque religieuse tenue par l'abbé Camail : elle rendit des services ; pour ma part, j'y dénichai une *Vie de saint Augustin*, chef-d'œuvre de Louis Bertrand, qui me fit faire en pensée une délicieuse promenade à travers cette chère province de Constantine que j'avais quittée plein d'enthousiasme à la mobilisation : Bône, Souk-Arrhas, la patrie d'élection et le lieu de naissance de saint Augustin, maintenant deux belles villes françaises où les descendants des contemporains du grand évêque africain se mêlent à nos concitoyens dans le plus parfait esprit d'union. Que de souvenirs ! Que de réflexions !... Revenons, hélas ! aux heures de captivité.

En même temps que nous nous efforcions de subvenir aux besoins du corps et à ceux de l'esprit, nous pensions aux jeux et aux distractions si nécessaires à de malheureux exilés, et, sous l'impulsion de notre vénéré doyen, le colonel du Cauroy, nous organisions l'enseignement et la pratique de tous les sports permis aux prisonniers. Après le départ du colonel, son successeur à la présidence de notre association, le colonel de Tarragon, s'employa de toutes ses forces à développer cette organisation, et de très beaux résultats furent atteints : le 14 juillet 1917, à l'occasion de notre fête nationale, il nous fut

possible d'établir et de réaliser un programme d'épreuves sportives qui se dérou-
lèrent le long d'une semaine entière, sus-
citant, même chez les Boches, le plus vif
intérêt. Un de nos geôliers me confessa
qu'il n'en revenait pas de nous voir tant
de ressort et de gaieté... Au fond, l'aimable personnage était furieux : ce ressort
et cette gaieté, c'était la banqueroute du
régime qui tendait à nous déprimer.

Ne quittons pas ce terrain des jeux sans
parler de notre théâtre et de sa troupe et
de son orchestre à cordes — théâtre quelconque, édifié à la diable, mais troupe
convaincue et orchestre où brillaient de
véritables virtuoses. Troupe convaincue,
ai-je dit, tellement convaincue que, tout
comme chez les artistes du boulevard, il
y avait des potins de coulisses et des brouil-
les. Il me fallut maintes fois intervenir

pour apaiser des querelles ; je dois dire que j'y parvins chaque fois...

Quelques mots, maintenant, de nos camarades alliés.

D'abord, les Britanniques. Je n'eus guère le temps de me lier avec eux, car ils quittèrent le camp de Mayence en juillet 1916, c'est-à-dire peu après mon arrivée : mais j'ai gardé d'eux tous un très aimable souvenir : officiers pleins de tact, d'un moral parfait, sûrs de la victoire du Droit. Les jeunes étaient très allants et même turbulents : j'ai déjà signalé comme ils jouaient avec Quiqui, mon Quiqui qu'ils gâtaient à qui mieux mieux.

Un mot m'est resté de mes courts rapports avec nos camarades britanniques — un mot trop joli pour que je le garde pour moi. Au moment de leur départ, comme j'échangeais un shake-hand avec le plus ancien, celui-ci me dit :

— Je me souviendrai de vous : vous avez défendu le fort de Vaux *de façon galante !*

De façon galante : il me semblait entendre parler un Français d'autrefois, de la vieille France, un Français de la guerre en dentelles...

Les Russes ne donnaient pas, comme les Britanniques, l'impression d'un corps uni, d'une même nation. Il y avait chez eux des différences très nettes, des divisions qui sautaient aux yeux, même chez les officiers de carrière ou professionnels : ceux de la garde se distinguaient facilement des autres. Les premiers parlaient presque tous français ; ils avaient une tenue soignée et faisaient montre d'éducation. Une paille dans ce louis d'or : le goût de boire poussé jusqu'à l'ivrognerie. Leurs camarades, d'ailleurs, qu'ils fussent de l'active ou de la réserve, ne leur cédaient en rien sous ce rapport. J'ai toujours pensé que le tsar ayant interdit l'usage de l'alcool en Russie, ces messieurs se rattrapaient en Allemagne. Je n'en ai connu qu'un seul qui ne s'enivrât pas ; il travaillait constamment à parfaire son bagage scientifique : c'était un chimiste, d'opinions très avancées, socialiste, disaient ses camarades, mais adversaire déclaré des maximalistes.

Une remarque. En France, tous les officiers, d'où qu'ils viennent, sont unis par une franche camaraderie : l'épaulette nivelle tout. En Russie, non. Même chez les officiers de réserve, l'esprit de caste reste, fortement accusé.

La révolution eut, on s'en doute, une profonde répercussion chez nos Russes. Immédiatement, la masse des prisonniers se divisa en groupes ou partis bien tranchés : il y eut le parti des Cent Noirs, constitué par les officiers de la garde, les monarchistes constitutionnels, les républicains et les socialistes, minimalistes et maximalistes. Dans ce dernier groupe figuraient des officiers faits prisonniers au désastre de Stockod ; ils tenaient leur grade d'on ne sait quelle autorité, probablement de la leur propre. Ils nous apparaissaient nettement inférieurs, sous tous les rapports, à leurs camarades ; je n'ai pas découvert, parmi eux, une seule personnalité qui valût qu'on s'arrêtât à la regarder de près.

Les ordonnances formaient également leur groupe, et des officiers allaient leur faire des conférences. Jusqu'à ce jour, on n'avait jamais témoigné au soldat russe tant de sollicitude et de considération : peu préparé à ce nouveau régime, il en éclatait d'orgueil et, au lieu de se montrer reconnaissant, toisait avec arrogance ses officiers. Mais, chose bizarre que je vous laisse le soin d'expliquer, cette déférence qu'il refusait à ses chefs, il l'observait religieusement avec les officiers français. Je me souviens d'une scène qui me laissa tristement impressionné :

Le vieux colonel Lawric, président des officiers russes prisonniers, chapitrait dans la cour de la citadelle deux soldats russes qui commencèrent par lui répondre avec une vivacité quelque peu insolente et finirent par lui tourner le dos et s'en aller, sans le saluer. Rattrapant l'un de ces soldats, je lui fis reproche de son attitude incorrecte... Il me salua très convenablement, avec tout le respect qu'eût pu me témoigner un de nos poilus, et me répondit :

— Le colonel est une vieille brute !

Et puis, nous sommes en révolution...

Je ne pus le faire sortir de là.

Il y eut chez nos camarades russes des évolutions effarantes : un officier que je voyais souvent et qui parlait très bien notre langue, passa successivement. dans un temps très court, du tzarisme le plus noir à la république rose, et de celle-ci au socialisme rouge. Et beaucoup d'autres l'imitèrent, donnant ainsi la mesure du désordre de leur esprit et du manque d'équilibre de leur conscience. En vérité, ce peuple n'était pas mûr pour une révolution aussi radicale et les suites de cette révolution n'ont surpris aucun de ceux qui s'étaient donné la peine de peser l'agglomérat de nationalités diverses, plus ou moins venues à la civilisation, qui constituait l'empire de Russie... Mais je sens que je vais verser dans la politique, et je dois me l'interdire ; je dirai pourtant quelle a été, à mon sens, la faute capitale de la révolution, celle qui a causé tout le mal : c'est le geste par lequel le premier ministre de la Guerre du gouvernement Milioukoff, du parti cadet (K D, Konstitutionnel-Démocrate) institua dans les régiments les conseils de soldats et rendit le salut facultatif. La discipline était, du coup, ruinée et l'on pouvait s'attendre à tout — et tout est arrivé. Le parti cadet à qui revient la responsabilité de cette première et grave atteinte à la solidité de l'armée, a payé très cher cette faute... Passons en saluant les victimes.

Les Belges formaient parmi nous une petite colonie sympathique et très unie, dont les membres faisaient partie de tous nos groupements organisés : bibliothèque, musique, sports. Leur moral était excellent. Ceux d'entre eux qui, avant la guerre, s'étaient sentis pencher vers le Boche, étaient radicalement guéris de cette faiblesse : l'effroyable réveil qu'avait été pour la Belgique la violation de son sol, avait dessillé tous les yeux. .

Ardemment patriotes, nos camarades belges savaient que le triomphe de la Bochie entraînerait la ruine de leur indépendance, et n'avaient d'espoir que dans la victoire des Alliés, la victoire du Droit. Et comme ils voyaient en nous les premiers champions de ce droit, ils avaient pour nous des égards quasi-religieux, et ce n'était pas seulement les prisonniers qui nous montraient ainsi leur confiance et leur gratitude : personnellement, j'ai reçu de Belgique, notamment de Liége, des témoignages de sympathie que je n'oublierai jamais... Les Boches — à mon grand étonnement — laissèrent passer les lettres qui me les apportaient...

Je tiens à le dire et à le redire, je n'ai jamais eu que des rapports aimables avec mes camarades belges, des rapports de véritable fraternité, et je m'incline respectueusement devant leur président, le général Kencker de Watlet, président modèle et soldat admirable...

Deux mots enfin de la population civile de Mayence ; je n'ai eu que quelques rares occasions de la voir de près, mais j'ai toujours été frappé de son attitude déférente et plutôt sympathique. Cette population se souvient certainement d'avoir été française et ne répugne pas à le redevenir — au contraire, oserai-je dire, tablant sur ce que j'ai vu.

Dans la rue, ce n'était pas comme des bêtes curieuses qu'on nous regardait, encore moins comme des ennemis abhorrés ; je démêlais quelque chose de doux au fond des regards, je surprenais des sourires. Des passants, hommes et femmes, revenaient sur leurs pas pour nous escorter jusqu'à la citadelle.

Un jour, au cimetière où nous avions conduit la dépouille d'un camarade anglais, des Mayençais qui avaient assisté à la cérémonie vinrent à nous et nous offrirent de nous montrer un monument qui ne pouvait manquer de nous intéresser — et, en dépit de la mauvaise humeur des gardiens qui ne nous quittaient pas, ils nous conduisirent devant une tombe soigneusement entretenue et pieusement fleurie...

Cette tombe était celle de Jean-Bon Saint-André, le premier préfet français de Mayence...

Oui, cette population se souvient, et peut-être espère-t-elle... Je n'ai pas le droit d'insister sur ce point ; l'ardeur de ma foi française m'entraînerait sans doute trop loin.

J'ai quitté Mayence en décembre 1917 ; je souhaite d'y revenir, non plus en prisonnier...

CHAPITRE IX

EN REPRÉSAILLES !

Le bolchevikisme a fait son œuvre, accompli la besogne honteuse que lui a dictée Berlin : la Russie, en tant que puissance militaire, a cessé d'exister, et la paix de Brest-Litowsk va être signée.

Le premier effet de cette paix va se faire sentir chez nous, les prisonniers : les officiers russes internés à l'Est sont envoyés sur le Rhin, et c'est nous qui allons les remplacer, là-bas, au pays où le thermomètre descend à 25° !

Représailles ! nous disent nos geôliers en nous annonçant que nous partons. Représailles de quoi ? Qu'avons-nous fait pour nous attirer des rigueurs nouvelles ? Nous ne le saurons jamais. Le Boche a son secret...

Nous sommes en décembre, et mes camarades et moi sommes envoyés à Strassburg, au sud de Kœnigsberg, sur la frontière polonaise, dans le voisinage des fameux lacs de Mazurie.

Ce nom de Strassburg, qui se prononce exactement comme celui de la capitale de notre vieille et chère Alsace, m'a d'abord fait frissonner de joie. Quelle atroce déception va suivre !

La vie qui nous attend, les mesures prises contre nous sont monstrueuses de férocité imbécile. En plein décembre, par le froid que vous devinez, on commence par exiger que nous nous mettions nus, complètement nus, pour permettre l'examen et la fouille de nos vêtements. Et nous avons parmi nous un colonel, des majors belges qui sont de vieux officiers !

Je me suis déshabillé comme les autres, mais je suis resté assis, refusant de comparaître debout. Le Boche a procédé sans insister à la fouille de mon uniforme et de mon linge : je le vois encore, élevant en l'air ma chemise et en scrutant les coutures ; je m'entends lui dire de la voix que vous devinez :

— Ne cherchez pas ! Ce n'est pas dans cette chemise-là que j'ai emporté la citadelle de Mayence !

Quiqui me regarde — il en est, lui aussi, des représailles — et il ne comprend pas ; il semble me dire, tout effaré de ma nudité :

— Qu'est-ce qui te prend que tu te mets dans cet état-là ?

Ce qui me prend, mon brave Quiqui, c'est une envie folle de sauter à la gorge des bandits qui nous torturent ; mais j'y laisserais ma vie, et je veux revoir la France, je veux vivre pour la victoire, je veux assister au châtiment de ce peuple de bandits !

Prenons donc notre mal en patience et tâchons de vivre — ce qui ne sera pas facile : le régime de notre nouvelle prison atteint le dernier degré de l'odieux dans la férocité, et il est appliqué par des assassins qui visent manifestement, cyniquement à nous supprimer.

Dans ce pays, dont j'ai dit la température polaire, nous avons par jour 2 kilos 5oo de charbon pour un grand poêle à la prussienne dont la ration quotidienne devrait être de 3o kilos ! Nous sommes logés en commun, entassés plutôt, de façon à diminuer le cube d'air qui nous est indispensable. Et ni promenades ni sports ! Les réunions mêmes nous sont interdites.

Quant à l'alimentation, n'en parlons pas ; nous sommes au régime de la faim qui déprime, épuise, tue...

Nous avons vécu. Il est arrivé ceci que, l'hiver 1917-18, trompant l'attente de nos tortionnaires, s'est montré clément ; de plus, nous avons pu, exploitant le mercantilisme boche, nous procurer du combustible, du bois et surtout de la tourbe, — c'est par montagnes qu'elle s'offre dans cette région des lacs. Notre moral, notre volonté de vivre ont fait le reste.

Je n'ai, d'ailleurs, passé que trois mois à Strassburg — oh ! des mois qu'il faudrait compter triples. — C'est fin mars 1918 que j'ai été interné en Suisse en vertu de l'accord de Berne : j'avais à ce moment quarante-huit ans sonnés et plus de dix-huit mois de captivité. Ah ! l'annonce de la fin, la nouvelle de la délivrance ! Je comprends que la joie rende fou...

C'est bien fini, cette fois ! Nous partons, Quiqui, nous quittons cette Allemagne maudite, cette terre des monstres qui nous a prodigué les supplices... Es-tu prêt, Quiqui ?

Si Quiqui est prêt ! Il saute littéralement dans mes bras, il m'embrasse et me répond :

— Partons ! Partons !

Une grosse peine, pourtant, un gros serrement de cœur pour Quiqui comme pour moi : il nous faut nous séparer de Traxler, le brave sapeur, le bon père nourricier de Quiqui. Traxler reste, lui, et il a les yeux pleins de larmes. Et nos compagnons du fort, officiers et soldats, nous font les mêmes adieux émus, et je sens ma voix qui s'altère en leur répondant à tous :

— Non ! pas adieu ! au revoir, sous notre ciel de France...

CHAPITRE X

Nous entrons en Suisse par Constance, et le cri qui nous accueille, mes camarades et moi, nous fait frissonner de bonheur :

— Vive la France !

Il éclate en tempête, ce cri qui nous remue jusqu'au fond de l'âme, et toutes les fenêtres ont arboré les couleurs françaises. A Schaffouse, petite enclave suisse dans le territoire allemand, à Schaffouse où l'on connaît bien les Boches pour les avoir sans cesse autour de soi, ce sont des acclamations sans fin.

A Zurich, toute la colonie française est

là qui nous attend ; on nous embrasse, on nous fleurit. A Berne, ce sont des délégués de l'ambassade de France qui nous tendent les bras...

J'arrive enfin à Interlaken ; c'est là que je vais être interné. La réception est enthousiaste ; une musique joue la *Marseillaise*, puis nous donne un concert...

Quiqui fait le beau. Il a reconnu le cri de : « Vive la France ! » que lui enseigna son père nourricier, il sent la liberté dans l'air que nous respirons et il me le dit à sa manière...

Pas encore, Quiqui ! Pas encore, la pleine liberté, mais nous y touchons, nous sommes à quelques pas et pour ainsi dire au seuil de la France et ceux qui nous entourent sont de braves cœurs qui vont s'ingénier à nous rendre douces les heures d'antichambre qui nous sont imposées encore.

Je m'installe, et j'ai la grande joie de revoir ma femme qui vient partager mon internement.

Quiqui regarde ce nouveau visage, et flaire cette robe, la première qu'il ait eue devant lui : il a passé toute sa vie avec des poilus et des prisonniers...

Je dois procéder aux présentations :

— Ma femme, Quiqui, ma meilleure amie, mon autre moi-même...

A-t-il compris ? Quiqui fait des grâces, offre sa patte ; il sera désormais pour sa maîtresse ce qu'il a toujours été pour moi.

L'existence à Interlaken est plutôt aimable ; mais l'inaction m'est lourde, je demande à travailler... Le colonel Rochefrette, qui, charge écrasante, dirige les services militaires de l'internement à l'ambassade de France, me nomme président de la Commission régionale française d'internement, à Montreux, et c'est là que je vais passer mes derniers mois d'exil.

D'exil, non, je m'exprime mal : Montreux n'est plus l'exil : une Française, Mme de Jousselin, m'a offert l'hospitalité en sa villa La Vaudelle, à la tour de Peilz, et là nous nous sentons en France et j'en remercie deux fois notre aimable et généreuse hôtesse.

Montreux, on le sait, est une station hivernale, donc une cité cosmopolite; dans la colonie étrangère, c'est, en temps ordinaire, l'élément boche qui est le plus nombreux, mais, depuis l'internement, la région étant réservée aux internés français, la situation est renversée en notre faveur. Les Boches qui sont restés sont des espions, comme tous leurs compatriotes, et ne jouissent d'aucune sympathie dans la population suisse. Ils sont d'une activité extraordinaire... On me montre le château des Crêtes qui fut habité par l'ancien khédive d'Egypte et dans lequel s'effectua entre les mains de Bolo la remise des fameux millions.

Les autorités suisses ont été fort obligeantes pour nous et j'ai travaillé avec elles dans le plus parfait accord. J'ai à cœur de signaler, en particulier, l'aimable correction et le dévouement très chaud du major Mercanton, commandant suisse de la région d'internement, à qui incombaient l'établissement et l'administration de ce vaste organisme. Nous avions, aussi bien, auprès de lui, une avocate convaincue dans la personne de son aimable et charmante fille, qui est devenue Française par son mariage avec un officier français.

L'internement était alors une grande et très lourde administration où, après les improvisations du début, il fallait faire régner l'ordre et la méthode.

Nos officiers et nos soldats étaient logés dans les hôtels suisses, presque tous vides ou à peu près par suite de la crise du tourisme. La nécessité s'imposa tout de suite de donner une occupation à tout ce personnel et de cette nécessité surgirent des quantités d'œuvres. La plus remarquable et la plus importante : « L'Office du travail », dont le Conseil d'administration était à Paris, organisa partout des ateliers pour toutes les professions. Des écoles se fondèrent pour la mécanique et la motoculture, pour le commerce et la comptabilité, pour les arts appliqués. Aucune branche ne fut négligée. Officiers et soldats trouvèrent ainsi un aliment à leur activité et cette activité servit au pays, notamment à la reconstitution des régions dévastées en vue de laquelle l'Office du travail fit fabriquer des quantités de baraques en bois. Bornons-nous à cette légère esquisse de l'œuvre considérable accomplie en Suisse par l'internement : il faudrait un volume pour l'examiner à fond.

A côté de l'internement, des œuvres multiples fonctionnaient. Sous la haute direction de Mme la comtesse de Manneville, femme de notre ministre plénipotentiaire chargé à l'ambassade des services civils de l'internement, des ouvroirs étaient créés partout qui fabriquaient du linge et des effets destinés à nos malheureux rapatriés des régions envahies. Ceux-ci arrivaient à Bâle dans un état lamentable. Ils étaient immédiatement lavés, débarrassés de la vermine qui souvent les rongeait, changés de linge et habillés d'effets propres. Quel soulagement, quelle impression de bien-être pour ces malheureux ! Les ouvroirs pour nos rapatriés franco-belges ont fait une besogne généreuse et utile. Je me plais à reconnaître que ceux de la région de Montreux ont été particulièrement actifs.

Dans d'autres œuvres, Secours aux familles d'internés nécessiteux, layettes, foyers du soldat, travail à domicile, Croix-Rouge, etc., etc., les femmes de la colonie française donnèrent sans compter, leur argent, leur dévouement et leur cœur. Ce m'est une joie de les remercier ici, joie où se mêle le regret de ne pouvoir les nommer toutes ; je citerai seulement leurs présidentes : Mmes de Lacroix, de Jousselin, Richard, Le Saux, Lemarlier... Que celles que j'oublie me le pardonnent !

Un nom encore, celui d'un Français qui a droit à toute notre reconnaissance : M. Margot, l'infatigable agent à Montreux de cette admirable commission romande qui organise partout des cours et des conférences.

Juin est venu, un mois délicieux à Montreux et dans toute la Suisse ; le printemps va finir et voici l'aube de l'été... **Bonne nouvelle** : un conférencier nous arrive de Paris. M. Emile Hinzelin, qui va nous parler du concours américain et de la victoire qu'il assure aux armées du Droit. Je songe, malgré moi, à ce capitaine boche qui affectait de ricaner quand je lui prédisais l'entrée des Etats-Unis dans la guerre, et à qui j'avais dit :

— Nous en reparlerons...

Il a dû, lui-même, se souvenir de ma prédiction et penser à moi plus d'une fois.

Je préside les conférences de M. Hinzelin. Tous nos internés sont là et toute la colonie française, et beaucoup de Suisses et d'étrangers, même des Boches... Le succès du conférencier est très vif et ne s'arrête pas aux murs de la salle ; il porte loin, tous les journaux l'enregistrent.

Reportez-vous à cette époque, juin 1918:

la suprême offensive boche a eu des résultats qu'il serait puéril de nier. Ludendorff menace Paris qui est bombardé nuit et jour, la nuit par les gothas, le jour par la grosse Bertha. C'est à ce moment qu'un conférencier français vient nous dire à Montreux, devant des neutres et des Boches :

— Courage, mes frères de France ! grâce au concours américain, la victoire du Droit est en route !

Et elle y était si bien, en route, que, moins d'un mois après, notre contre-offensive culbutait les bataillons de Ludendorff et ne les lâchait plus qu'après l'armistice signé, l'armistice imploré par ceux qui, en juin, se voyaient les maîtres de la France et du monde !...

Après juin, juillet ; après les conférences de M. Emile Hinzelin, la fête du 14 juillet. Nous nous devons de la célébrer avec d'autant plus de flamme que notre patrie est en danger, nous ne sommes encore qu'à la veille de la contre-offensive qui décidera du sort de la France...

En tête du programme, j'inscris une visite à nos morts, aux infortunés qui ont succombé avant d'avoir revu la terre natale.

Nous nous rendons en corps au cimetière, et là, sur la tombe des victimes qu'a faites la barbarie boche, je flétris cette barbarie et demande à la victoire de venger les victimes en châtiant les bourreaux...

Pour l'après-midi, j'ai organisé une réception à l'Hôtel suisse, un des plus vastes hôtels de Montreux. Les autorités locales y assistent ; les syndics sont venus, et le député lui-même, et ils ne se contentent pas de nous apporter le réconfort de leur présence, ils prennent la parole avec moi, et c'est pour exalter la France et proclamer la nécessité de la victoire du Droit et leur foi dans les destinées de la France !...

Ah ! l'inoubliable journée, la belle fête française, exclusivement française ! En juillet dernier, les syndics sont bien venus au milieu de nous, mais aujourd'hui, 14 juillet 1918, quand Ludendorff semble tenir la victoire, leur présence est éloquemment significative, c'est le cœur suisse qui parle et dit où sont ses sympathies et à qui vont ses vœux.

Quelque temps après, c'est la Fête nationale suisse : accompagné d'une délégation d'officiers français, je vais rendre leur visite aux autorités de la région et suis partout accueilli chaleureusement.

C'est que, il faut le dire ici, le peuple, dont syndics et députés sont l'émanation directe, est profondément gallophile, il aime la France et l'a toujours aimée. Je dis : le peuple. Il y a de larges réserves à faire pour la bourgeoisie dont les membres ont, pour la plupart, fait ou complété leurs études dans les universités allemandes : quelques-uns en reviennent plus ou moins imprégnés de germanisme : il faut prendre garde au virus de la kultur.

Quoiqu'il en soit, je garde de mon internement en Suisse un très reconnaissant souvenir ; j'y ai connu des cœurs d'or et des heures délicieuses, et ce n'est pas sans émotion que je revois les uns et que je revis les autres. Après les longs mois d'une captivité cruelle, la Suisse a été pour moi une véritable oasis où j'ai pu attendre en paix l'heure du retour à la mère patrie...

Cette heure a sonné le 4 novembre 1918, une semaine avant l'armistice qui va libérer tous les prisonniers ; ma rentrée a précédé de huit jours celle de mes compagnons d'internement.... Qu'ils n'en soient pas jaloux ! Je n'ai dû cette faveur apparente qu'à l'état de ma santé. L'accord de Berne n'autorise la libération que pour les internés atteints d'une maladie grave, et c'est mon cas... disons : presque mon cas, pour ne rien exagérer. Comme je l'ai déjà rappelé, le long séjour que j'ai fait aux colonies — treize ans — m'a laissé atteint d'impaludisme et j'ai, de loin en loin, des accès de fièvre souverainement désagréables et incommodants, mais peu dangereux. Je ne m'attendais pas, d'ailleurs, à subir l'un de ces accès au bord du lac Léman, le plus joli lac et le plus sain du monde. J'imagine qu'il aura voulu, lui aussi, témoigner de ses sympathies pour la France en aidant à lui rendre un de ses fils huit jours avant l'heure marquée au cadran de la Destinée.

Merci, joli Léman ! Merci, belle et noble Suisse !

Cette fois, ça y est, mon brave Quiqui : — c'est la France et la liberté ; tu peux t'en donner jusque-là !

Mon dernier mot sera pour vous, camarades du fort de Vaux, pour vous dire : C'est à vous que mon cœur dédie ce récit dont votre héroïsme a fourni la matière ; c'est à vous que j'en veux demander la dernière ligne, et je vous entends me la crier, comme à Vaux, sous la tempête :

— Vive la France !

Commandant RAYNAL.

TABLE DES MATIÈRES

PARIS

IMPRIMERIE DE LA BOURSE DE COMMERCE

35, Rue Jean-Jacques-Rousseau, 35

(64.131)